비트겐슈타인의

인생 노트

• Meaning of Life 시리즈 •

비트겐슈타인의 인생 노트

초　판 1쇄 발행 ｜ 2015년 3월 16일
개정판 1쇄 발행 ｜ 2023년 4월 15일

지은이 ｜ 루트비히 비트겐슈타인
엮은이 ｜ 이윤
펴낸이 ｜ 이은성
펴낸곳 ｜ 필로소픽
편　집 ｜ 김은미

주소 ｜ 서울시 종로구 창덕궁길 29-38, 4-5층
전화 ｜ (02) 883-9774
팩스 ｜ (02) 883-3496
이메일 ｜ philosophik@naver.com
등록번호 ｜ 제2021-000133호

ISBN 979-11-5783-290-3　03100

필로소픽은 푸른커뮤니케이션의 출판브랜드입니다.

비트겐슈타인의
인생 노트

루트비히 비트겐슈타인 지음

이윤 엮음

Ludwig Wittgenstein
In Search of The Meaning of Life

P 필로소픽

PART
01

어떻게 살 것인가

PART

02

비트겐슈타인의 삶

비트겐슈타인과 삶의 의미

인생의 문제에 대한 비트겐슈타인의 글들은 "논리와 언어에 관한 광대한 탐구의 바다 위에 작은 섬들처럼 흩어져 있다. 그런데 바로 이 삶의 문제들이야말로 그의 철학적 사유를 밀고 나간 원동력이었다는 사실이 비트겐슈타인 자신에 의해 여러 차례 언급된 바 있다."(마이클 모러, 142쪽)

그는 20대에 이미 인생의 문제를 해결하는 방법은 바로 그 문제가 사라지게 만드는 방식으로 사는 것이며, 그러기 위해서는 삶의 양식을 바꿔야 한다는 것을 깨달았다. 그리하여 재벌2세의 자리를 던져버리고 평생 동안 '올바른 삶의 형식'을 찾아 헤매었다. 공학에서 철학으로, 전쟁터로, 초등학교 교사로, 건축가로, 수도원으로, 교수로, 노동자로, 은둔자로 전전했다. 심지어 죽기 2년 전의 일기에서도 '다른 삶'의 가능성을 타진하고 있었다. 두 개의 학파를 세운 장본인이면서도, 철학의 학파를 세우는 것보다 자기 삶의 방식을 바꾸기를 더 열

망했다.

　그러나 삶의 의미를 깨닫고 철학의 근본문제를 해결했다고
선언한 이후에도 그는 계속해서 자살 충동에 시달렸다. 세상
과 조화를 이룬 행복한 삶을 꿈꾸었지만 세상과 끝없는 불화
를 일으켰고, 양심의 문제로 괴로워하며 자신의 삶이 비참하
다는 생각을 떨쳐버리지 못했다. 여러 차례 다른 삶을 향해 떠
났지만, 결국은 철학으로 돌아왔다. 완벽한 삶을 향한 분투는
번번이 좌절되어 삶은 계속해서 시지프스의 바위처럼 언덕 아
래로 다시 굴러 떨어졌다.

인생은 철학에 선행한다

비트겐슈타인의 삶과 철학을 일별해보고 내가 내린 결론은
인생은 철학에 앞선다는 것이다. 비트겐슈타인은 『논리철학
논고』에서 과학의 모든 문제가 해결된 뒤에도 인생의 문제는
조금도 건드려지지 않은 채 남아 있을 것이라고 말한 바 있다.
나는 그의 삶에서 철학의 모든 문제가 해결된다 해도 인생의
문제는 조금도 건드려지지 않은 채 남아 있을 것이라는 생각
을 하게 된다. 그의 삶은 철학으로 삶을 넘는 것은 불가능하
다는 것을 보여준다. 삶의 의미를 깨닫는다고 해서 삶의 고통

이 사라지는 것은 아니다. 다만 그 고통을 명료하게 볼 수 있을 뿐이다.

그리고 어쩌면 그것이 바로 (비트겐슈타인이 보여준) 문제의 답이다. "철학은 모든 것을 있는 그대로 남겨둔다." 삶의 의미를 깨닫는다는 것은 초월적인 세계로 점프하는 것이 아니다. 우리는 다시 일상을 살아가야 한다. 하지만 그때 우리는 보게 된다. "수수께끼는 없다"는 것을. 삶의 문제는 언어로 표현될 수 없으며, 따라서 이론으로 해결되지 않는다는 것을. 문제는 세계를 바라보는 주체의 관점과 태도에 있었다는 것을. 따라서 주체의 관점과 태도가 바뀌면 삶에는 아무런 문제가 없다는 것을 보게 된다는 것을. 그러기 위해서는 문제가 사라지는 방식으로 삶을 살아야 한다는 것을. 그것은 바로 종교적이고 윤리적인 삶이라는 것을. 종교란 오직 신과 나 사이의 문제이며, 윤리란 오직 자기 자신에 대한 의무라는 것을. 따라서 올바른 삶의 형식이란 신과의 일대일 대면 속에서 양심의 목소리에 충실한 삶이라는 것을.

인생에 관한 비트겐슈타인의 말과 글들

비트겐슈타인은 제자였던 노먼 맬컴에게 "철학을 공부해서 얻는 효용이 그저 난해한 논리학 문제들에 대해 그럴싸하게 말할 수 있게 될 뿐, 일상의 중요한 문제들에 관한 생각을 개선시켜주지 않고, 우리를 더 양심 있게 만들지 않는다면, 철학을 공부하는 게 무슨 소용이 있겠는가?"라고 반문한 바 있다. 그는 제자들이 직업 철학자가 되는 것을 만류했고, 자신의 가르침을 가장 잘 이해한 사람들은 철학계를 떠나 삶 속에서 그것을 활용한 제자들이라고 보았다.

이 점에 착안하여 비트겐슈타인의 삶과 사유 가운데서 전문적인 철학보다는 "일상의 중요한 문제들에 관한 생각을 개선시켜주"는 말과 글들을 중심으로 모아보았다. 그리고 이것들을 삶의 의미, 행복, 삶의 자세, 인생의 조언 등 15개의 주제별로 분류하였다. 인생의 문제에 관한 비트겐슈타인의 통찰을 살펴봄으로써 '천재'의 사유로부터 어떤 빛을 얻어보려는 것이 이 책의 목적이다.

비트겐슈타인 글의 특징

비트겐슈타인의 글은 대부분 철학적 단평의 형식으로 쓰였다. 체계적인 서술이 아닌 짧은 토막글들로 단상을 적은 게 대부분이다. 애초에 일기 형식으로 썼기 때문에 그렇기도 하지만,

비트겐슈타인 스스로 자기에겐 토막글 스타일이 자연스럽고, 체계적으로 생각하고 쓰는 것은 힘들다고 토로한 바 있다. 목차도 소제목도 없이 불쑥불쑥 튀어나오는 생각들은 맥락을 잡기가 쉽지 않다. 논증도 없고, 부연 설명도 없다. 그의 생각의 미로는 같은 길을 또 가기도 하고, 다른 길을 통해 같은 곳에 도착하기도 한다. 얼핏 보면 혼란스러워 보이지만, 이것은 그의 독특한 철학관에서 비롯된 의도된 연출이다.

그는 철학이 어떤 하나의 관점을 정당화하는 이론이 아니라, 문제를 보는 다양한 방식들을 기술하는 것으로 보았기 때문에, 체계적인 설명이나 논증을 피했다. 논증으로 주장을 뒷받침하라는 러셀의 충고에 "논증은 아름다움을 훼손한다. 마치 진흙투성이 손으로 꽃을 더럽히는 것처럼"이라고 답할 정도였다. 따라서 그의 토막글은 "주제의 주위를 뛰어 돌아다니며" 다각도로 관찰하는 비트겐슈타인 특유의 사유 스타일이 반영된 것으로 봐야 한다.

아포리즘과 천재의 어조

비트겐슈타인의 글은 짧은 토막글의 형식이라 아포리즘의 성격이 짙은 것들이 많다. 니체가 아포리즘으로 유명하지만 비트겐슈타인의 토막글이 뿜어내는 아우라도 만만치 않다. "말할 수 없는 것에 대해서는 침묵하라", "나의 언어의 한계는 나의 세계의 한계이다" 등 비트겐슈타인의 여러 문장들이 명언처럼 숱하게 인용된다.

비트겐슈타인은 자신이 후원했던 게오르크 트라클의 시에 대해 "이해할 수는 없지만 천재의 어조를 느낄 수 있다"고 말한 바 있다. 비트겐슈타인의 『논리철학논고』를 처음 읽는 독자들은, 마치 이상의 『오감도』를 읽으면서 느끼게 되는, 이해할 수는 없지만 천재임은 알아챌 수 있는 독특한 어조를 감지할 수 있다. 예컨대 "신비한 것은 세계가 어떠하다는 것이 아니라 세계가 존재한다는 것이다"라는 비트겐슈타인의 말을 보자. 이 말은 라이프니츠가 말한 "도대체 왜 아무것도 없지 않고 무언가 존재하는가?"와 마찬가지로 존재에 대한 경이, 즉 '타우마제인'을 표현한 것이지만, 비트겐슈타인만의 독특한 문자향을 풍긴다.

러셀이 청년 비트겐슈타인의 글 한 줄만 읽고 그의 철학적 재능을 알아보았듯이 비트겐슈타인의 글은 표가 난다. 그는 "올바른 문체로 쓴다는 것은 차량을 철로 위에 한 치의 어긋남도 없이 올려놓는 것을 뜻한다"고 생각할 정도로 문체에 상당한 공을 들였고, 자신의 문체에 대해 자부심을 느끼기도 했다. 그는 결코 논문을 쓰듯이 글을 쓰지 않았고, 철학은 본래 시처럼 써야 한다고 말했다. 제자이자 문헌관리자인 폰 브릭트에 따르면 비트겐슈타인은 철학뿐만 아니라 독일 산문의 발전에도 큰 기여를 했다고 평가된다. 이 책을 통해 비트겐슈타인이라는 천재의 어조를 부분적으로 느껴볼 수 있을 것이다. ('부분적으로'라는 단서를 단 까닭은 일기 등에서 발췌된 글 가운데는 다듬어지지 않은 느슨한 문장들이 있기 때문이다.)

주요 참고문헌

삶의 의미에 대해 명시적으로 많은 언급을 한 곳은 『노트북』과 『논리철학논고』이다. 청년기인 1차대전 참전 기간 중 쓴 철학 일기인 『노트북』과 그것을 정선하고 다듬은 『논리철학논고』에는 삶의 의미에 대한 형이상학적 통찰이 담겨 있다. '비철학적' 단평들을 중심으로 모은 『문화와 가치』에서는 삶의 의미보다는 삶의 자세에 해당하는 글이 많고, 예술과 종교에 대해서도 많은 언급이 있다. 『비트겐슈타인의 1930년대 일기』에서는 중년 비트겐슈타인의 내밀한 자기와의 대화를 엿볼 수 있다. 또한 레이 몽크의 『비트겐슈타인 평전』

과 노먼 맬컴의『비트겐슈타인의 추억』, 러시 리스가 편집한
『회상록』에는 인생에 대한 조언들과 비트겐슈타인의 삶에 관
한 일화들이 많이 있다. 특히 드루어리가 쓴「비트겐슈타인과
의 대화」와「비트겐슈타인과의 대화에 관한 비망록」에는 신
과 종교에 관한 생각들이 많이 담겨 있다. 이 밖에『러셀, 케인
스, 무어에게 보낸 편지』,『비트겐슈타인 침묵의 시절』, 제임
스 클래그의『망명 중의 비트겐슈타인』, 포퍼와의 논쟁을 다
룬『비트겐슈타인은 왜?』에서도 삶에 관한 일화들을 발췌하
였다. 후기 저작인『철학적 탐구』에는 삶의 의미와 직접적으
로 관계되는 글들은 거의 없지만, 인구에 회자되는 주옥같은
통찰들을 추렸고, 기타『소품집』,『쪽지』등에서도 철학 관련
구절들을 발췌했다.

　해당하는 국내서의 번역을 참조하였고, 독일어 및 영어본의
대조를 거쳐 문장을 좀 더 자연스럽게 수정하였다. 원문의 줄
바꿈과 줄표는 가독성을 위해 일부 생략하기도 했다. 독자들
의 편의를 위해 출처를 명기했고, 일부는 한국어판 출처와 원
서 출처를 함께 밝혔다(한국어판 출처는 〔　〕로 표기했다). 시기
에 따른 비트겐슈타인의 생각의 변화를 살펴보려는 독자를 위
해 해당 연도가 확인되는 것들은 가급적 모두 밝혔다.

비트겐슈타인의 인생 노트

L. Wittgenstein.

1
인생의
의미

삶의 의미,
즉 세계의 의미를 우리는 신이라고 부른다.

001

인생은
철학에 앞선다

우리는 먼저 인생을 살아야 한다. 그 다음에야 비로소 철학을 할 수 있다.

『비트겐슈타인의 1930년대 일기』 217(447)쪽, 1937.3.1.

002

인생의 문제는 삶이
그 형식에 맞을 때 사라진다

인생의 문제를 해결하는 방법은 바로 그 문제를 사라지게
만드는 방식으로 사는 것이다. 삶이 문제가 된다는 것은 우
리의 삶이 삶의 형식에 맞지 않는다는 의미이다. 그렇다면
우리는 삶을 바꿔야 한다. 그리하여 삶이 그 형식에 맞을
때 문제는 사라진다.

『문화와 가치』 31(72)쪽
(MS 118 17r c: 1937.8.27)

003

삶의 문제는
심층에서만 해결된다

삶의 문제는 표면에서는 해결될 수 없다. 오직 심층에서만 해결된다. 표면적 차원에서 삶의 문제는 해결되지 않는다.

『문화와 가치』 84(155)쪽
(MS 137 73b: 1948.7.25)

00**4**

문제가 없는 인생은
문제가 있다

삶에서 문제를 보지 못하는 사람은 뭔가 중요한 것, 어쩌면 가장 중요한 것을 놓치고 있다는 느낌을 주지 않는가? 그런 사람은 목적 없이 사는 거라고, 두더쥐처럼 그저 맹목적으로 사는 거라고 말하고 싶어지지 않는가?

혹은 이렇게 말해야 하지 않을까? 올바로 사는 사람은 문제를 슬픔으로, 즉 문제로 느끼지 않고 오히려 기쁨으로 느낀다고. 말하자면 그의 삶을 둘러싼 빛나는 정기로 느끼지 불확실한 배경으로 느끼지 않는다고.

『문화와 가치』 31(72)쪽
(MS 118 17r c: 1937.8.27)

005

두려움은
잘못된 인생관에서 비롯된다

가끔 나는 두려웠다. 그것은 잘못된 인생관이 낳은 오류
이다.

레이 몽크 『비트겐슈타인 평전』 138(211)쪽
(MS 103, 1916.5.6)

현재 속에서 사는 사람에게는 두려움도 희망도 없다.

『노트북』 76쪽, 1916.7.14.

006

신과
삶의 목적에 대해

신에 대해 그리고 삶의 목적에 대해 내가 아는 것은 무엇인가?

나는 안다, 이 세계가 존재한다는 것을. 마치 내 눈이 시야에 놓여 있듯이, 내가 이 세계에 놓여 있다는 것을.

우리가 세계의 의미라고 부르는 것이 문제라는 것을.

세계의 의미는 세계의 안이 아니라 밖에 놓여 있다는 것을.

삶은 세계라는 것을.

나의 의지가 세계를 관통하리라는 것을. 나의 의지는 선하거나 악하다는 것을. 그러므로 선과 악은 어떤 식으로건 세계의 의미와 연결되어 있다는 것을.

삶의 의미, 즉 세계의 의미를 우리는 신이라고 부른다.

『노트북』 72-73쪽, 1916.6.11.

007

현재 속에 사는 사람은
영원히 사는 것이다

죽음은 삶 속의 사건이 아니다. 죽음은 체험되지 않는다. 만약 우리가 영원을 시간의 무한한 지속이 아니라 무시간성으로 이해한다면, 현재 속에 사는 사람은 영원히 사는 것이다. 우리의 시야에 한계가 없는 것처럼 우리의 삶에는 끝이 없다.

『논리철학논고』 6.4311

008

사람은 대부분
깊이 잠든 채 살아간다

우리 삶은 꿈과 같다. 상태가 좋을 때 우리는 단지 우리가
꿈을 꾸고 있다는 것을 알아차리기에 충분할 정도로만 깨
어 있다. 그러나 대부분의 시간 우리는 깊이 잠들어 있다.

앤서니 케니 『비트겐슈타인』 3(20)쪽

009

내가 살아가는
이유

키르케고르가 말한 종교적 삶의 스타일이 어떻게 가능한
지 이해하는 척하고 싶지는 않다. 나는 스스로를 부정할 수
있었던 적이 없으니까. 마시고 싶은 커피 한 잔도 참아내지
못할 정도로 말이다. 다시 말해 나는 키르케고르가 믿었던
걸 믿지는 않는다. 하지만 우리가 즐기기 위해 사는 건 아
니라고 확신한다.

모리스 드루어리 「비트겐슈타인과의 대화에 대한 비망록」 87-88쪽

010

새로운 삶과
새로운 언어게임

내가 삶의 문제에 대한 기독교의 해법(구원, 부활, 심판, 천국과 지옥)을 거부하는 것은 당연하지만, 이것이 내 인생의 문제를 해결하지는 못한다. … 그렇다면 내가 다르게 살 때, 완전히 다른 삶을 살 때, 내가 받아들일 수 있는 유일한 세계질서의 모델로 무엇이 나타날지 어떻게 알 수 있을까? 그것은 알 수 없다. 결국 다른 삶은 완전히 다른 모델을 불러오고, 완전히 다른 모델을 필요로 할 것이다. 마치 곤경에 빠지면 저절로 기도하는 법을 배우게 되듯이. 다른 삶을 산다고 해서 반드시 자신의 의견을 바꾸지는 않겠지만, 다른 삶을 살 때 우리는 다르게 말하게 된다. 새로운 삶을 살 때 우리는 새로운 언어게임을 배우게 된다.

『비트겐슈타인의 1930년대 일기』 169(349)쪽, 1937.2.4.

011

영혼의
불멸에 대해

인간 영혼의 시간적 불멸성, 즉 영혼은 죽은 후에도 영원히 살아남는다는 것은 어떤 식으로도 보증되지 않는다. 그뿐 아니라 이 가정은 무엇보다도 사람들이 그것을 통해 이루고자 하는 바를 전혀 달성시켜주지 않는다. 내가 영원히 살아남는다고 해서 수수께끼가 풀리는가? 이 영원한 삶도 현재의 삶과 마찬가지로 수수께끼가 아닌가? 공간과 시간 속에 있는 삶이라는 수수께끼에 대한 해답은 공간과 시간의 밖에 놓여 있다. (정말로 해결되어야 할 것은 자연과학의 문제들이 아니다.)

『논리철학논고』 6.4312

012

인생의 문제는
과학으로 해결되지 않는다

모든 가능한 과학적 물음이 대답되었을 때에도, 삶의 문제
들은 전혀 건드려지지 않은 채로 남아 있을 것이라고 느낀
다. 물론 그때는 더 이상 아무런 물음도 남아 있지 않다. 그
리고 바로 이것이 그 해답이다.

『논리철학논고』 6.52

013

삶의 문제는 해결되는 것이 아니라 해소되는 것

인생의 문제의 해결은 이 문제의 소멸에서 깨닫게 된다. 이것이 오랜 동안의 회의 끝에 삶의 의미가 분명해진 사람들이, 그 의미가 어디 있는지 말하지 못하는 이유가 아닐까?

『논리철학논고』 6.521

2
행복

행복한 삶은
스스로 정당화되는 유일하게 옳은 삶이다.

014

행복한 삶은
스스로 정당화된다

단지 행복한 삶은 좋고, 불행한 삶은 나쁠 뿐이다. 만일 이
제, 그런데 왜 행복하게 살아야 하느냐고 자문한다면, 그것
은 그저 동어반복적인 질문으로 보인다. 행복한 삶은 스스
로 정당화되는 유일하게 옳은 삶인 것 같다.

『노트북』 78쪽, 1916.7.30.

015

행복은
세계와의 조화다

행복하게 살기 위해서 나는 세계와 조화로운 관계에 있어
야만 한다. 이것이 바로 '행복하다'는 말의 의미이다. 나는
이때 나를 좌우하는 것처럼 보이는 외부의 의지와 조화로
운 상태에 있다. 즉 "나는 신의 의지를 행하고 있다."

『노트북』 75쪽, 1916.7.8.

016

행복하지 않다면
철학이 무슨 소용인가

만일 내가 진심으로 행복하지 않다면, 나의 모든 재능이 내
게 무슨 소용이란 말인가? 만일 내가 가장 중요한 것을 해
결할 수 없다면, 철학적 문제를 푸는 것이 내게 무슨 도움
이란 말인가?

레이 몽크 『비트겐슈타인 평전』 506-507(729)쪽
(MS 134, 1947.4.13)

017

행복한 사람은
두려움이 없다

행복한 사람은 두려움이 없어야 한다. 죽음에 직면해서도 그렇다. 시간 속에서가 아니라 현재 속에 사는 사람만이 행복하다. 현재 속에 사는 삶에는 죽음이 없다. 죽음은 삶 속의 사건이 아니다. 죽음은 세계의 사실이 아니다.

『노트북』 74-75쪽, 1916.7.8.

018

행복을
찾는 법

만일 정적 속에서 행복을 찾을 수 없다면 달리면서 찾아라! 하지만 뛰느라고 너무 피곤해지면 어떻게 할까? 그에 대해선 쓰러질 때까지 말하지 말라. 넘어지지 않기 위해서는 사이클 선수처럼 계속 페달을 밟으며 움직여야 한다.

레이 몽크 『비트겐슈타인 평전』 442(633)쪽
(MS 125, 1942.4.9)

019

행복과 존재의
목적

행복한 사람은 존재의 목적을 충족시키는 사람이라는 도스토옙스키의 말은 옳다.

혹은 이렇게 말할 수도 있다. 그저 살아가는 것 외에 아무런 목적을 가질 필요가 없는 사람, 즉 만족한 사람은 존재의 목적을 충족시키고 있다고.

『노트북』 73쪽, 1916.7.6.

020

깨달음의 삶은
행복하다

우리가 의지를 행하지 못하고 세상의 온갖 고통을 겪어야
만 한다면, 어떻게 행복할 수 있을까? 이 세상의 비참함을
피할 수 없다면, 어떻게 행복할 수 있을까? 바로 삶을 깨달
음으로써 가능하다. 양심은 깨달은 삶이 주는 행복이다. 깨
달음의 삶은 세계의 비참에도 불구하고 행복한 삶이다. 오
직 세속의 안락을 포기할 수 있는 삶만이 행복하다.

『노트북』 81쪽, 1916.8.13.

021

행복한 사람과
불행한 사람

행복한 사람의 세계는 불행한 사람의 세계와 다르다.

『논리철학논고』 6.43

3
삶의 자세

그저 너 자신을 개선하라.
그것이 네가 세계를 개선하기 위해 할 수 있는
유일한 일이다.

022

자신을
바꾸라

삶이 견디기 힘들 때, 우리는 상황을 개선하려고 생각한다. 그러나 가장 중요하고 효과적인 개선, 즉 자기 태도를 바꿔야 한다는 생각은 전혀 떠오르지 않는다. 그것을 결심하기란 너무나 어렵다.

『문화와 가치』 60(118)쪽
(MS 132 136, 1946.10.7)

023

독립적이
되라

외부 세계에 의존하지 마라. 그러면 너는 세계 속에서 무슨 일이 일어나도 아무런 두려움도 느끼지 않을 것이다. … 사람들에게서 독립적이 되는 것보다 사물들에 독립적인 것이 열 배는 쉽다. 그렇지만 사람은 타인에게 독립적일 수 있어야 한다.

레이 몽크 『비트겐슈타인 평전』 116(174)쪽
(MS 102, 1914.11)

024

영향받지
말라

내가 스스로를 영향받지 않게 하는 것이 좋다!

『문화와 가치』 3(28)쪽
(MS 105 67c: 1929)

인간은 우연에 좌우되어서는 안 된다. 행운이든 불운이든.

『전쟁일기』 66쪽
(MS 101 34v: 1914.10.6)

타인의 사례를 좇아 행동하지 말고, 본성에 따라 행동하라!

『문화와 가치』 47(97)쪽
(MS 163 39r c: 1941.7.8)

025

텅 빈
가죽 부대가 되지 마라

단순히 정신이라는 바람으로 부풀려진 텅 빈 가죽 부대처럼 보이는 것은 수치스런 일이다.

『문화와 가치』13(43)쪽
(MS 153a 12v: 1931)

026

냉정함을
유지하기

어느 정도 냉정함을 지키는 것이 내게는 이상적이다. 열정을 위한 환경으로 쓰이되 그 열정에 참견하지 않는 사원처럼.

『문화와 가치』 4(30)쪽
(MS 107 130c: 1929)

나는 다만 독자들이 스스로의 일그러진 생각을 비춰보고 바로잡을 수 있도록 도와주는 거울에 불과할 뿐이지, 그 이상이어서는 안 된다.

『문화와 가치』 25(63)쪽
(MS 112 125: 1931,11,22)

027

불안에
저항하지 마라

불안은 병과 같다. 우리는 불안을 받아들여야 한다. 가장 나쁜 행동은 불안에 저항하는 것이다.

『문화와 가치』 91(165-166)쪽
(MS 138 4b: 1949.1.19)

028

슬픔에
저항하지 마라

슬픔이 너를 성가시게 하지 못하게 하라. 슬픔을 네 심장 안으로 들어오게 해야 한다. 광기를 두려워해서도 안 된다. 아마 그것은 원수가 아니라 친구로 다가올 것이다. 나쁜 것은 오직 너의 저항뿐이다. 슬픔이 네 심장 안으로 들어오게 하라. 문에 자물쇠를 채우지 마라. 머리속에서는 문 밖에 서 있는 것이 무섭다. 그러나 심장 속에서는 그렇지 않다.

레이 몽크 『비트겐슈타인 평전』 534(764)쪽
(MS 137, 1948.6.29)

029

불행을
받아들일 줄 알아야 한다

왜 인간은 더없이 불행해져서는 안 되는가? 그것은 인간의 여러 가능성 중 하나이다. … 게다가 드문 가능성도 아니다.

『문화와 가치』 92(167)쪽
(MS 138 9b: 1949.1.25)

030

세계를 바꾸고 싶다면
너 자신을 바꿔라

그저 너 자신을 개선하라. 그것이 네가 세계를 개선하기 위해 할 수 있는 유일한 일이다.

레이 몽크 『비트겐슈타인 평전』 17-18〔40〕쪽

비트겐슈디인은 푸흐베르크의 교사 시절 음악 모임에서 만난 광부 포스틀이 세상을 개선하고 싶다고 하자 이렇게 충고했다. 훗날 다른 친구들에게도 여러 차례 같은 충고를 했다.

031

진정한
혁명가

혁명가란 자기 자신을 혁명할 수 있는 사람일 것이다.

『문화와 가치』 51(103)쪽
(MS 165 204: 1944 무렵)

032

참회에
대하여

참회는 새로운 삶의 일부여야 한다.

『문화와 가치』 16〔48〕쪽
(MS 154 1r: 1931)

비트겐슈타인은 1936년 크리스마스 무렵 몇몇 친구들에게 자신의 '죄'를 고백했다. 또한 교사 시절 체벌했던 학생들을 찾아가 사과했다. 그로부터 약 1년 후 이렇게 쓴다. "지난해 나는 신의 도움으로 기력을 회복해서 고백을 했다. 이 때문에 나는 더 잔잔한 물로 들어가게 되었으며, 다른 사람들과 더 좋은 관계를 맺을 수 있었고, 더 진지하게 되었다. 그러나 지금은 마치 그것이 다 소진되어 예전 상태로 다시 돌아온 것 같다. 나는 헤아릴 수 없을 정도로 비겁하다. 만일 이 비겁함을 고치지 않는다면, 과거에 내가 있던 그 물속으로 다시 완전히 잠기게 될 것이다."(러시 리스「회상록 후기」173쪽)

033

자부심
부수기

자부심이라는 당신의 건축물을 무너뜨려야 한다. 그것은
무서우리만치 힘든 일이다.

『문화와 가치』 30〔70〕쪽

러셀은 비트겐슈타인에 대해 "그는 악마의 자부심을 가지고 있다"라고
평했다.

034

자만을
경계하라

월계관을 썼다고 자만에 빠지는 것은 마치 설산을 오르면서 쉬는 것만큼이나 위험하다. 깜박 졸다가는 잠들어 죽는다.

『문화와 가치』 41(88)쪽
(MS 162b 42v c: 1939-1940)

035

어리석음과
현명함에 대하여

영리함이라는 황량한 언덕에서 어리석음의 푸른 골짜기
로 내려가라.

『문화와 가치』 86(158)쪽
(MS 137 111b: 1948.11.28)

가장 큰 어리석음이 매우 현명한 것일 수 있다.

『문화와 가치』 45(95)쪽
(MS 124 3 c: 1941.6.6)

사람들이 때로 어리석은 짓들을 하지 않는다면, 현명함도
결코 나올 수 없을 것이다.

『문화와 가치』 57(113)쪽
(MS 131 219: 1946.9.8)

036

소망하지 않는
삶

어떤 의미에서는 소망하지 않는 것이야말로 유일하게 선
한 것이다.

『노트북』 77쪽, 1916.7.29.

037

용기 있는
삶

두려움이 아니라 극복된 두려움이 존중받을 가치가 있으며, 인생을 살 만한 가치가 있는 것으로 만든다. 커다란 나무로 높이 자라는 씨앗은 재능도 아니고 심지어 영감도 아니다. 그것은 용기이다. 용기가 있는 그만큼, 생사의 문제와 연관되는 그만큼 높이 자란다. … 하지만 타인의 용기 없음을 안다고 해서 자기가 용기를 얻는 것은 아니다.

『문화와 가치』 44[92]쪽
(MS 117 151c: 1940.2.4)

숭배보다는
사랑받도록

숭배되기보다는 사랑받으려고 노력하라.

『문화와 가치』 44(93)쪽
(MS 117 151c: 1940.2.4)

1930년 10월 16일자 일기 참조. "나는 대체로 사랑받기보다는 존경받고
있다. (그것도 정당하지 않은 이유로) 하지만 내게는 사랑받을 만한 이유가
있다."(『비트겐슈타인의 1930년대 일기』 59(127)쪽)

039

타인의 내면을
존중하라

다른 사람의 깊숙한 곳에 있는 것을 가지고 장난치지 마라.

『문화와 가치』 26(64)쪽
(MS 156a 30v: 1932-1934 무렵)

4
죽음에 대하여

죽음 앞에서 두려움을 느끼는 것은 잘못된 인생,
즉 나쁜 인생을 가장 잘 보여주는 징표다.

040

나는
살고 싶다

사격을 당했다. 총알이 날아올 때마다 나는 내 전 존재와 함께 움츠러들었다. 나는 그토록 강하게 계속 살아가기를 원하는 것이다.

레이 몽크 『비트겐슈타인 평전』 146(220)쪽
(MS 103, 1916.7.24)

1차대전 참전 중에 쓴 일기. 비트겐슈타인은 탈장으로 징집이 면제되었으나 자원 입대하였다.

041

죽음에 대한
두려움

죽음 앞에서 두려움을 느끼는 것은 잘못된 인생, 즉 나쁜 인생을 가장 잘 보여주는 징표다.

『노트북』 75쪽, 1916.7.8.

042

죽음과
마주 보기

이제 나에게 훌륭한 인간이 될 기회가 왔다. 왜냐하면 나
는 죽음과 마주 보고 있기 때문이다. 성령이 내게 빛을 주
시기를….

러시 리스 「회상록 후기」 194쪽, 1914.9.1.

043

죽음과 인생의
의미

오로지 죽음만이 인생에 의미를 준다.

레이 몽크 『비트겐슈타인 평전』 138(211)쪽

(MS 103, 1916.5.9)

―――――

비트겐슈타인은 죽음의 두려움을 느끼면서도 죽음을 직시하고 극복하고
자 했다. 1916년 4월 중순에는 "8일 후면 최선봉에 서게 된다. 어려운 임
무를 맡아 목숨을 걸 수 있게 되기를 바란다"라고 일기에 썼다.(러시 리스
『회상록 후기』 194쪽)

044

훌륭한 죽음을
맞기를

만일 내가 지금 나의 종말에 도달해야 한다면, 자신을 돌보
면서 훌륭한 죽음을 맞기를, 자아를 결코 잃지 않기를 기
원한다.

레이 몽크 『비트겐슈타인 평전』 116(174)쪽
(MS 101, 1914.9.13)

045

삶이
명료해지기를

내가 더 지적으로 되기를, 모든 것이 끝내 나에게 명확해지기를, 그렇지 않다면 더 오래 살 필요가 없기를 신에게 기원합니다.

『러셀, 케인스, 무어에게 보낸 편지』 45쪽, 1913.12.15.

046

아버지의
죽음

사랑하는 아버지께서 어제 오후 돌아가셨습니다. 아버지는 내가 상상할 수 있는 가장 아름다운 죽음을 맞았습니다. 아무런 고통도 없이 잠에 떨어진 아이처럼! 마지막 몇 시간 동안 나는 한 순간도 슬픔을 느끼지 않았습니다. 오히려 아주 기뻤으며, 이 죽음이 전 생애만큼 가치 있다고 생각합니다.

『러셀, 케인스, 무어에게 보낸 편지』 21쪽, 1913.1.21.

047

훌륭하게
죽을 수 있는 삶

훌륭한 죽음을 맞을 수 있는 그런 삶을 살아야 한다.

『비트겐슈타인의 1930년대 일기』 193(399)쪽, 1937.2.19.

048

죽음의
순간

나는 총명하다는 것, 즉 정신의 풍부함이 궁극적인 선이 아니라는 것을 압니다. 그러나 지금은 이 총명함의 순간에 죽을 수 있기를 원합니다.

레이 몽크 『비트겐슈타인 평전』 231(338)쪽, 1925.8.19.

049

자살은
더러운 일이다

자살은 언제나 더러운 일이라는 것을 압니다. 사람은 결코 자신의 파멸을 의지할 수 없으며, 자살이라는 행위를 실제로 마음속에 그려본 사람이면 누구나 자살은 언제나 성급한 자기방어라는 것을 압니다.

앤서니 케니 『비트겐슈타인』 8(26)쪽

050

영웅은
죽음 자체를 똑바로 쳐다본다

영웅은 죽음을 직시한다. 그저 죽음의 이미지가 아니라 실제 죽음을. 위기에서 품격 있게 행동한다는 것은 무대에서 영웅 역할을 잘 연기할 수 있다는 말이 아니다. 죽음 자체를 똑바로 쳐다볼 수 있다는 뜻이다.

「문화와 가치」 58(114)쪽
(MS 132 46c: 1946.9.22)

영웅이 되지 못하는 것은 나약한 것이다. 그러나 영웅을 흉내내는 것은 훨씬 더 나약한 것이다.

「비트겐슈타인의 1930년대 일기」 163(337)쪽, 1937.1.28.

051

죽음의 순간을
이겨내는 법

나는 한 시간 후에 죽을 수도 있고, 두 시간 후에 죽을 수도 있고, 한 달 후 또는 몇 년 뒤 죽을 수도 있다. 나는 언제 죽을지 알 수 없으며, 그것에 대비하여 또는 그것에 맞서 아무것도 할 수 없다. 인생이란 그런 것이다. 그렇다면 그 순간을 이겨내기 위해서는 어떻게 살아야 할까? 선함과 아름다움 속에서 사는 것이다. 삶이 스스로 끝날 때까지.

『전쟁일기』 68쪽
(MS 101 34v: 1914.10.7)

052

오래 사는 것은
유감스러운 일이다

방금 의사에게 진단을 받았는데 전립선암에 걸렸다고 하
더군. … 암에 걸렸다는 말을 들었을 때는 전혀 놀라지 않
았지만, 암에 대한 대처법이 있다는 말을 듣고는 깜짝 놀랐
지. 왜냐하면 나는 더 살고 싶지 않기 때문이야.

노먼 맬컴 『비트겐슈타인의 추억』 124쪽, 1949.12.

내 인생이 그렇게 연장된다니 유감이다. 이런 반쯤의 생활
에는 여섯 달도 너무 길다.

레이 몽크 『비트겐슈타인 평전』, 559(798)쪽, 1949.12.4.

053

정신적 생명은
육체적 생명보다 먼저 끝날 수 있다

나의 정신은 완전히 죽어버렸어. 그렇다고 불평하는 건 아
니야. 그것 때문에 고통스럽지는 않으니까. 인생은 결국 한
번은 끝나야 하는 것이지. 그리고 정신적인 생명은 육체적
인 생명보다 먼저 끝날 수도 있는 거고.

노먼 맬컴 『비트겐슈타인의 추억』 128쪽

1951년 1월 12일. 죽기 3개월 전 노먼 맬컴에게 쓴 편지.

054

내세에 대한
무관심

살 날이 얼마 남지 않았다는 것을 알면서도 '내세'에 대해
선 전혀 생각하지 않는다는 것이 신기하지 않은가? 나의
모든 관심은 여전히 이 삶과 내가 할 수 있는 글쓰기에 관
한 것이다.

모리스 드루어리 「비트겐슈타인과의 대화」 169쪽

055

최후의
심판

신은 내게 이렇게 말할지 모른다. "나는 너 자신의 입으로
너를 심판하노라. 너 자신의 행위들을 다른 사람에게서 보
았을 때, 너는 혐오감으로 몸을 떨었도다."

『문화와 가치』 99(178)쪽
(MS 175 56r: 1951.3.15)

056

마지막
유언

그들에게 전해주시오. 나는 멋진 삶을 살았다고.

노먼 맬컴 『비트겐슈타인의 추억』 130쪽

──────

비트겐슈타인이 의식을 잃기 직전에 마지막으로 남긴 말로 원문은 "Tell them I've had a wonderful life"이다. 여기서 'wonderful life'를 '멋진 삶'이 아니라, 말 그대로 '경이로 가득 찬 삶'으로 해석해야 한다는 주장도 일부 있다. 이것은 비트겐슈타인의 핵심 사상 가운데 하나인 타우마제인, 즉 세계가 어떠하다는 것에 대해서가 아니라 세계가 존재한다는 것 자체에 대해 가장 깊은 곳으로부터 경이로움을 느낀다는 것과 연결시킨 해석이다.(제임스 클래그 『망명 중의 비트겐슈타인』 154쪽)

5
삶의 지혜와 통찰

경이를 느끼려면 인간은 깨어나야 한다.
과학은 인간을 다시 잠들게 만드는 수단이다.

057

지혜의 뒤에
숨어 있는 것

스피노자를 인용한 글에 나온 '지혜'라는 말에 대해 생각한다. 이 말을 끝까지 분석해보면 어떤 공허한 것이 드러나는데, 그 말 뒤에는 진짜 사람이, 실제의 모습 그대로 숨어 있다. (즉 자신으로부터 숨어 있다.)

너 자신을 발가벗겨보라. 나는 예컨대 보잘것없는 거짓말쟁이지만, 거창한 것들을 떠들 수 있다. 그렇게 떠드는 동안 나는 자신의 보잘것없음에서 완전히 벗어난 것처럼 보인다. 하지만 실은 그렇지 않다. 자신을 깨닫는다는 것은 겸손하다는 것과 같다.

『비트겐슈타인의 1930년대 일기』 105(219)쪽, 1931.10.12.

058

지혜의
한계

지혜는 차가운 어떤 것이며, 그런 점에서는 어리석은 것이다. 반면, 신앙은 열정이다. 지혜는 당신이 삶을 보지 못하도록 은폐한다고 말할 수도 있다. 지혜는 이글거리는 잉걸을 덮고 있는 차가운 회색 재와 같다.

『문화와 가치』 64(124)쪽
(MS 134 9: 1947.3.3)

059

너 자신의
생각을 하라

나 외에 아무도 내 대신 모자를 쓸 수 없듯이, 아무도 나를
위해 대신 생각해줄 수는 없다.

『문화와 가치』 4(29)쪽
(MS 107 100c: 1929)

060

좋은
비유란

좋은 비유는 지성을 신선하게 자극한다.

『문화와 가치』 3(28)쪽
(MS 105 73c: 1929)

나는 스스로 생각해낸 독특하고 훌륭한 비유에서 항상 즐거움을 얻는다. 이것이 허영심에 찬 즐거움이 아니기를.

『비트겐슈타인의 1930년대 일기』 153(319)쪽, 1936.11.21.

비트겐슈타인은 단지 글쓰기 스타일에서뿐만 아니라 그가 창안한 주요 철학적 개념까지도 상당 부분 비유로 되어 있다는 점에서 독특하다. 예컨대 전기 철학을 지칭하는 '언어그림이론'과 후기 철학을 지칭하는 '언어게임이론' 모두 언어를 '그림'과 '게임'이라는 다른 대상을 빌려서 은유적으로 표현한 개념들이다.(제리 길 『비트겐슈타인과 메타포』 참조)

061

친근한 것은
알아채기 힘들다

사물의 가장 중요한 측면은 단순함과 친근함 때문에 우리
에게 숨겨져 있다. 그것은 항상 우리 눈앞에 있기 때문에
알아채기 힘들다.

『철학적 탐구』 §129

비트겐슈타인이 즐겨 읽던 탐정소설에서 빌어온 착상으로 보인다. 결정
적 증거를 눈에 잘 띄는 곳에 아무렇게나 방치함으로써 오히려 더 잘 숨
길 수 있다는 에드거 앨런 포의 『도둑맞은 편지』의 착상과 유사하다. 『문
화와 가치』에도 비슷한 구절이 있다: "바로 눈앞에 놓인 것을 보는 일은
내게 얼마나 힘든가?"(44(93)쪽)

062

방 안에 갇힌
사유

문이 잠겨 있지 않고 안에서 열 수 있게 되어 있더라도, 그
문을 미는 대신 잡아당길 생각을 떠올리지 못한다면, 그 사
람은 방 안에 갇혀 있는 것이다.

『문화와 가치』 48(99-100)쪽
(MS 125 58v: 1942.5.18)

063

피부라는
감옥

우리는 피부라는 감옥에 갇혀 있다.

『비트겐슈타인의 1930년대 일기』 71(153)쪽, 1931.2.5.

064

문제가
해결되지 않을 때

만일 어떤 돌이 지금 꽉 박혀서 꿈쩍도 않는다면, 먼저 그 주위에 있는 다른 돌들을 옮겨라.

『문화와 가치』 44(93)쪽
(MS 117 237: 1940.3.6)

───

『문화와 가치』 44(93-94)쪽 참조. "모르타르를 긁어내는 일은 돌을 옮기는 것보다 훨씬 쉽다. 그런데 돌을 옮기려면, 모르타르를 먼저 긁어내야 한다."

065

열정은 질투보다
깊다

질투는 피상적인 어떤 것이다. 즉 전형적인 질투의 빛깔은 깊은 곳까지 이르지 못한다. 훨씬 더 깊은 곳에 열정이 다른 색조를 띠고 있다.

『문화와 가치』 40(87)쪽
(MS 162 21v: 1939-1940)

066

사람의
본모습

나는 가끔 인간을 공이라고 상상해본다. 어떤 공은 완전히
금덩어리로 되어 있고, 다른 공은 쓸모없는 껍질 밑에 금이
감춰져 있으며, 세 번째 공은 속기 쉬운 가짜 도금 속에 금
이 있다. 그런데 또 다른 공은 도금 아래에 쓰레기가 있고,
또 어떤 공은 다시 이 쓰레기 아래 진짜 금으로 된 핵이 있
다. 나는 아마도 이 마지막에 해당할 것이다.

하지만 그런 사람을 올바로 판단하기란 얼마나 힘든가.
사람들은 첫째 층이 가짜임을 발견하고는 "그래, 그는 쓸
모없어"라고 말한다. … 혹은 가짜 도금 밑에 쓰레기를 보
고는 "내 당연히 그럴 줄 알았지!"라고 말한다. 하지만 진
짜 금이 이 쓰레기 밑에 숨겨져 있을 것이라고는 상상하
지 못한다.

『비트겐슈타인의 1930년대 일기』 119-121(249-251)쪽, 1931.10.31.

067

인간의
위대함

인간의 위대함은 어떤 사람이 하는 일이 그에게 요구하는
희생의 크기로 측정할 수 있다.

노먼 맬컴 『비트겐슈타인의 추억』 75쪽

068

영혼의
영양부족

위장은 영양부족에 익숙해질 수 있지만 몸은 그럴 수 없다.
위장이 더 이상 항의하지 않더라도, 실로 위장이 더 이상
의 영양을 거부할 때조차도 몸은 영양부족으로 고통받는
다. 이것은 애정과 감사 같은 감정 표현에서도 마찬가지다.
우리는 인위적으로 감정 표현을 억제함으로써 자연스러움
에서 멀어질 수 있다. 하지만 영혼의 다른 기관들은 영양부
족으로 고통받는다.

『비트겐슈타인의 1930년대 일기』 75(159-161)쪽, 1931.2.14.

069

자기 자신을 모른다면
위대할 수 없다

인간은 자기가 가지고 있는 것은 잘 보지만, 자기가 어떤 사람인지는 잘 보지 못한다. 자기가 어떤 사람인지는 마치 자신의 높이가 해발 몇 미터인지와 같아서, 대체로 즉석에서 판단할 수 없다. 그런데 한 작품의 위대성 또는 왜소성은 그것을 만든 창작자가 어디에 서 있느냐에 달려 있다. 그러나 이렇게도 말할 수 있다. 자기 자신을 제대로 알지 못하는 사람, 그리고 자기를 기만하는 사람은 결코 위대할 수 없다고.

『문화와 가치』 56-57(112)쪽
(MS 131 176: 1946.9.1)

070

성취의
의미

우리가 성취한 것은 우리 자신보다 다른 이에게 더 큰 의미를 가질 수 없다.

『문화와 가치』 15[47]쪽
(MS 153a 141r: 1931)

071

깊이 사유하기 위해서
멀리 갈 필요는 없다

깊이 내려가기 위해서 멀리 여행할 필요는 없다. 바로 당신의 뒤뜰에서 그렇게 할 수 있다.

『문화와 가치』 57〔113〕쪽
(MS 131 182: 1946.9.2)

072

위대한 과학자가
위대한 사람인 것은 아니다

아무리 재능이 많다 해도, 자기 자신을 알고 이해하는 것이
적다면 위대한 게 아니다. 그 때문에 우리의 과학자들은 위
대하지 않다. 그 때문에 프로이트, 슈펭글러, 크라우스, 아
인슈타인은 위대하지 않다.

『문화와 가치』 53(107)쪽
(MS 130 239: 1946.8.1)

073

인생과
환경

사람을 잘못된 환경에 놓아두면 아무것도 제대로 작동하지 않는다. 그는 모든 면에서 건강하지 않게 보일 것이다. 그를 적당한 환경에 되돌려 놓으면 모든 것이 꽃피고 건강해 보일 것이다.

『문화와 가치』 48(100)쪽
(MS 125 58v: 1942.5.18)

074

온 지구가 한 영혼보다
더 큰 고난에 처할 수는 없다

어떠한 고난도 한 사람이 처할 수 있는 고난보다 더 클 수는 없다. 따라서 한 인간은 무한한 고난에 처할 수 있으며, 그리하여 무한한 도움이 필요할 수 있다. 기독교는 오직 무한한 도움을 필요로 하는 이, 즉 무한한 고난을 겪고 있는 이만을 위한 종교이다. 온 지구가 한 영혼보다 더 큰 고난에 처할 수는 없다.

『문화와 가치』 52(105)쪽
(MS 128 49: 1944 무렵)

075

타인을
불쌍히 여길 권리

오직 매우 불행한 사람만이 타인을 불쌍히 여길 권리가
있다.

『문화와 가치』 53(106)쪽
(MS 179 26: 1945 무렵)

076

차이와
의미

만일 우리가 지금 하는 일이 결국에는 아무런 차이도 만들어내지 못한다면, 인생의 모든 진지함은 사라져버릴 것이다.

모리스 드루어리 「비트겐슈타인과의 대화」 161쪽

077

훌륭한 반대와
피상적인 반대

훌륭한 반대는 앞으로 전진하는 것을 돕지만, 피상적인 반대는 비록 그것이 타당한 것일지라도 사람을 지치게 한다. … 피상적인 반대는 문제를 생명이 있는 뿌리로부터 파악하지 못하고 너무 바깥쪽에서 보기 때문에 비록 잘못된 부분이 있더라도 아무것도 고칠 수 없다. 훌륭한 반대는 문제 해결을 향해 나아가게 하지만, 피상적 반대는 일단 극복된 후에는 한쪽으로 치워버릴 수 있다. 마치 나무가 계속 자라기 위해 줄기의 마디에서 구부러지는 것처럼 말이다.

레이 몽크 『비트겐슈타인 평전』 259(375)쪽

078

과학과
경이

경이를 느끼려면 인간은 깨어나야 한다. 과학은 인간을 다시 잠들게 만드는 수단이다.

『문화와 가치』 7(35)쪽
(MS 109 200: 1930.11.5)

079

싫어하는 사람을
대하는 법

당신을 싫어하는 사람을 좋게 대하려면 선량함뿐만 아니라 세심함 또한 많이 요구된다.

『문화와 가치』 13(44)쪽
(MS 153a 29v: 1931)

080

사랑의
값어치

당신이 누군가의 사랑을 받고 있다면, 아무리 큰 희생으로
도 그 사랑의 값을 다 치를 수 없다. 그러나 돈을 주고 사랑
을 산다면, 아무리 작은 희생이라도 너무 크다.

『문화와 가치』 48(99)쪽
(MS 125 21r: 1942)

081

진정한 사랑은
다른 사람의 아픔을 생각하는 것이다

한 사람이 다른 사람의 아픔에 대해 생각한다는 것은 진정한 사랑의 표시이다. 왜냐하면 그 사람 역시 아파하는 한 명의 가여운 사람이기 때문이다.

레이 몽크 『비트겐슈타인 평전』 492(701)쪽
(MS 131, 1946.8.14)

082

시대에
대해

한 시대는 다른 시대를 오해한다. 그러나 왜소한 시대는 자기만의 추한 방식으로 다른 모든 시대를 오해한다.

『문화와 가치』 98(176)쪽
(MS 174 5v: 1950)

083

일상은
전쟁만큼 참혹하다

지난 전쟁의 참혹함을 성토하는 게 유행처럼 되어버렸다. 나로서는 동의할 수 없다. 우리가 조금만 주의를 기울인다면 전쟁만큼 참혹한 일들이 우리 주변에 널려 있다는 걸 알게 된다.

모리스 드루어리 「비트겐슈타인과의 대화」 129쪽

1차대전을 다룬 반전 희곡인 R. C. 셰리프의 「여로의 끝Journey's End」에 대해 이야기하면서 한 말(1936년).

084

시대의 질병을
고치려면

한 시대의 병은 인간의 삶의 양식을 바꿈으로써만 치유될
수 있다. 철학적 문제들이 불러온 병도 한 개인이 발명한
약에 의해서가 아니라, 사고방식과 삶의 양식을 바꿈으로
써만 치유될 수 있다.

존 히턴 『비트겐슈타인과 정신분석』 6(13)쪽

085

유머는
세계관이다

유머는 기분이 아니라 세계관이다. 따라서 나치 독일에서 유머가 근절되었다고 말하는 것이 옳다면, 그것은 사람들이 기분이 나빴다는 것을 의미하는 것이 아니라, 더 깊고 중요한 어떤 것을 의미한다.

『문화와 가치』 88(161)쪽
(MS 137 135a: 1948.12.28)

086

타인에게
자신을 열기 위해서는

타인들 앞에서 자신을 여는 것은 오직 특별한 종류의 사랑, 예컨대 우리 모두는 사악한 아이들이라는 것을 인정하는 사랑에서만 가능하다. 사람들 사이의 미움은 우리가 서로를 분리하는 데서 비롯된다고 할 수 있다. 왜냐하면 우리는 타인이 우리의 속을 들여다보기를 원치 않기 때문이다. 그 속은 아름다운 모습이 아니므로. 우리는 물론 자신의 내면을 부끄러워해야겠지만, 동료 인간들 앞에서 부끄러워해서는 안 될 것이다.

『문화와 가치』 52-53(105-106)쪽
(MS 128 49: 1944 무렵)

비트겐슈타인의 인생 노트

비트겐슈타인의
삶

L. Wittgenstein.

6
단순한 삶

나는 나의 돈을 돌려주어야만 했다.
왜냐하면 그 돈을 소유하고 있는 동안,
나 자신이 바람 빠진 튜브처럼
느껴졌기 때문이다.

087

자발적
가난

당신이 부자로 살 수 있는데도 가난하게 사는 것보다, 가난할 수밖에 없을 때 자발적으로 가난하게 사는 것이 훨씬 힘들다.

『문화와 가치』 16(49-50)쪽
(MS 154 15v: 1931)

088

재산을
포기한 이유

가파르고 높은 산을 올라가려면, 무거운 배낭은 산기슭에
놔두고 출발해야 한다.

데이비드 에드먼즈, 존 에이디노 『비트겐슈타인은 왜?』 109(87)쪽

───

조카인 존 스톤버러에게 재산을 포기한 이유를 설명한 말. 비트겐슈타인
은 1차대전이 끝나고 포로수용소에서 돌아온 후 아버지에게 받은 막대한
유산을 형제와 누이들에게 나누어 주고 금욕적인 삶을 살았다.

089

간소한
식사

이걸 분명히 했으면 한다. 우리가 여기 머무는 동안 이런 방식으로 지내지 않을 것이다. 아침으로는 오트밀을 먹고, 점심에는 텃밭에서 따온 채소, 저녁에는 삶은 달걀 한 알이면 족하다.

모리스 드루어리 「비트겐슈타인과의 대화」 125쪽

1934년 여름휴가 중 아일랜드를 방문했을 때 제자인 드루어리가 진수성 찬을 대접하자 한 말.

0**90**

정신 노동을 위한
가장 좋은 휴식은
육체 노동이다

스피노자는 렌즈를 갈았다. 나는 이것이 그가 사유로부터 휴식이 필요할 때 큰 도움이 되었을 거라고 생각한다. 나 역시 연구가 잘되지 않을 때 그와 같은 직업을 가졌으면 좋겠다는 생각을 한다.

모리스 드루어리 「비트겐슈타인과의 대화」 105쪽

091

평범한 일의
중요성

사람은 열을 식힐 수 있으려면 할 수 있는 평범한 일을 가지고 있어야 한다.

윌리엄 워런 바틀리 3세 『비트겐슈타인 침묵의 시절』 134쪽

초등학교 제자 오스카어 푹스가 아버지의 뒤를 이어 구두수선공이 되겠다고 하자 기뻐하며 한 말. 비트겐슈타인은 케임브리지 제자들에게도 대학교수보다는 상점, 공장, 목장 등에서 평범한 일을 찾도록 조언했고, 1930년대에는 자신도 노동자의 삶을 살기 위해 소련으로 이주하려고 계획한 적이 있다.

092

노동에
대하여

나는 박봉이지만 내 자신이 만족하는 노동을 할 것이며 언제가는 만족스런 인간으로서 죽을 것이다.

쿠르트 부흐테를, 아돌프 휘프너 『비트겐슈타인』 94쪽

093

존경받는
시민으로 죽고 싶다

나는 한때 건축가나 약사가 되는 것을 생각해본 적이 있다.
하지만 그런 직업에서는 내가 추구하는 바를 찾을 수 없으
리란 결론에 도달했다. 그러한 직업으로는 원칙적으로 삼
류 비즈니스맨 이상이 되지 못한다. 나는 존경받는 시민으
로 죽고 싶다. 내게는 트라텐바흐 같은 곳에서 은거하는 것
이 이를 성취할 수 있는 가장 좋은 방법으로 보인다. 그런
곳에서는 아이들의 선생이자 스승으로서 내가 존경할 만
한 일에 종사할 수 있고, 단순한 삶의 양식도 지킬 수 있기
때문이다.

윌리엄 워런 바틀리 3세 『비트겐슈타인 침묵의 시절』 149쪽

094

돈은
나의 생기를 빼앗는다

나는 나의 돈을 돌려주어야만 했다. 왜냐하면 그 돈을 소유하고 있는 동안, 나 자신이 바람 빠진 튜브처럼 느껴졌기 때문이다.

쿠르트 부흐테를, 아돌프 휘프너 『비트겐슈타인』 121쪽

조카 토머스 스톤버러에게 한 말.

095

일하는 사람 앞에서
놀지 마라

돌아서 가도록 하자. 저 사람들이 일하고 있는데, 그 앞에서
휴가를 보내는 것은 올바른 일이 아니다.

모리스 드루어리 「비트겐슈타인과의 대화」 128쪽

아일랜드에 있는 드루어리 집안의 오두막에서 여름휴가를 보낼 때 트레
킹을 하다가 건초를 말리는 농부들 앞을 지나가게 되자 한 말.

096

공산주의에
대해

나는 마음으로는 공산주의자이다.

레이 몽크 『비트겐슈타인 평전』 343(490)쪽

———

프랜시스 스키너의 절친한 친구였던 롤런드 허트에게 한 말. 제자 러시 리스에게는 "나는 독재 때문에 분노하지는 않는다", "만일 러시아 정권에 대한 나의 호의적인 마음을 파괴할 수 있는 것이 있다면, 그것은 계급 차별의 증가이다"라고 말한 바 있다.(러시 리스 「회상록 후기」 205쪽) 2차대전 중 존 라일 교수의 집에 머물 때, 노동계급 출신의 피난민 아이들과 함께 있었는데, 라일 가족이 피난민들과 일정한 거리를 두고 저녁을 다른 식탁에서 먹은 반면, 비트겐슈타인은 아이들과 함께 식사함으로써 관심과 동정심을 보여주는 일을 고집스럽게 했다.(레이 몽크 『비트겐슈타인 평전』 435(624)쪽)

097

철학자와
배관공

철학자가 배관공보다 더 특권을 누려서는 안 된다.

모리스 드루어리 「비트겐슈타인과의 대화에 대한 비망록」 77쪽

이 말은 두 가지 의미로 해석할 수 있다. 하나는 비트겐슈타인이 계급 차별을 반대했다는 것이고, 다른 하나는 철학을 별로 대단한 일이라고 보지 않았다는 사실이다. 그는 『논리철학논고』의 서문에서 철학의 문제를 완전히 해결했다고 선언하면서, "만일 나의 이런 믿음이 잘못되지 않았다면, 이 책의 두 번째 가치는 이런 문제들이 해결되었을 때 성취되는 것이 얼마나 적은지를 보여주는 것이다"라고 말한 바 있다.

7
양심과 윤리

훨씬 더 중요한 일은
나 자신과의 문제를 해결하는 것이다.

098

거짓말과
진실

거짓말을 하는 것이 이로울 때에도 사람은 왜 진실을 말
해야 할까?

레이 몽크 『비트겐슈타인 평전』 3(23)쪽

비트겐슈타인이 여덟아홉 살 무렵 했다는 최초의 철학적 질문. 평생 동안
그를 따라다닐 양심의 문제를 보여준다.

099

양심은
신의 목소리다

나의 양심이 평정을 깰 때, 나는 무언가와 조화롭지 않은
관계에 있다. 그런데 그것이 무엇일까? 그것은 세계일까?
확실히 이렇게 말하는 것은 옳다. 양심은 신의 목소리다.

『노트북』 75쪽, 1916.7.8.

100

논리학자가 되기 전에
인간이 되어야 한다

내 안 깊은 곳에는 간헐천의 바닥처럼 영속적으로 끓어오르는 동요가 있습니다. 나는 그것이 언젠가 갑자기 분출해서 나를 다른 사람으로 만들어주기를 계속 바라고 있습니다. … 아마 당신은 나 자신에 대한 이런 생각을 시간 낭비라고 간주하시겠지요. 그러나 인간이 되기 전에 어떻게 논리학자가 될 수 있겠습니까! 훨씬 더 중요한 일은 나 자신과의 문제를 해결하는 것입니다.

『러셀, 케인스, 무어에게 보낸 편지』 57-58쪽

1913년 12월경 버트런드 러셀에게 보낸 편지.

101

거짓말을 하려는
경향

거짓말을 하기보다 진실을 말하는 것이 단지 아주 조금 더 불편한 경우가 종종 있다. 예컨대 달콤한 커피보다 쓴 커피를 마시는 정도만큼 불편한 경우. 그런데 그런 경우에도 나는 거짓말을 하는 경향이 아주 강하다.

『문화와 가치』 45(94~95)쪽
(MS 162b 70r: 1940.8.21)

102

거짓말을
하는 방법

나는 이런 저런 방식으로 거짓말을 할 수 있다. 특히 꽤 진지한 자세로 진실을 말함으로써 거짓말을 할 수도 있다.

『비트겐슈타인의 1930년대 일기』 123(255)쪽, 1931.10.31.

103

타인에 대한
의식

다른 사람들이 나를 어떻게 생각할까 하는 생각이 항상 나를 비상할 정도로 사로잡고 있다. 나는 자주 좋은 인상을 주기 위해 애쓴다. 즉 나는 다른 사람에게 주는 인상에 대해서 종종 생각한다. 그리고 그것이 좋은 인상이라고 생각하면 즐겁고, 나쁜 인상이라고 생각하면 즐겁지 못하다.

레이 몽크 『비트겐슈타인 평전』 278(400)쪽

———

반면 주변 사람들은 비트겐슈타인의 언행이 직선적이고 무례했기 때문에 타인을 별로 의식하지 않는다고 보았다.

104

도덕적인
죽음

나는 1년 이상 도덕적으로 죽어 있었습니다! … 아마 오늘날 나 같은 예는 전혀 드물지 않을 것입니다. 나는 해야 할일이 하나 있었는데 그것을 하지 않았습니다. 이제 그 실패는 내 삶을 무너뜨리고 있습니다. 나는 건설적인 일을 했어야 했고, 하늘에 있는 별이 되어야 했습니다. 하지만 아직땅에 머물러 있고, 그래서 이제 점점 희미해져가고 있습니다. 내 삶은 정말 무의미하게 되었고 단지 쓸모없는 에피소드들로만 채워져 있습니다. 주변 사람들은 이것을 알아차리지 못하고 이해하려 하지도 않습니다. 그러나 나는 근본적인 결점을 갖고 있다는 것을 잘 압니다. 만약 내가 여

1921년 1월 2일 파울 엥겔만에게 보낸 편지. 바틀리는 비트겐슈타인의 불안정한 심경을 무분별한 동성애 탐닉에 대한 반성으로 보았다. 반면, 레

기 쓴 말을 이해하지 못한다면 그것을 기쁘게 여기십시오.

윌리엄 워런 바틀리 3세 『비트겐슈타인 침묵의 시절』 46-47쪽

이 몽크는 꿈에서 사제가 되라는 부름을 받았으나 거부했다는 느낌과 관련되어 있다고 보았다.(레이 몽크 『비트겐슈타인 평전』 198-200(288-291)쪽)

105

보이기 위한
참회

나의 참회를 생각해보면 "내게 사랑이 없다면…"◆이라는
구절의 의미를 이해할 수 있다. 왜냐하면, 만일 교묘한 윤
리적 트릭처럼 수행되었다면, 심지어 이 참회조차 내게 소
용이 없을 것이기 때문이다. 하지만 나는 단순한 트릭으로
는 충분치 않았기 때문에 참회하지 않았다고 말할 수는 없
다. 그러기에 나는 너무 비겁하다. (교묘한 윤리적 트릭이란
내가 남들에게, 혹은 또한 나(나의 자아)에게 그저 내가 할 수 있
다는 것을 보여주려고 행하는 어떤 것이다.)

『비트겐슈타인의 1930년대 일기』 133(275-277)쪽, 1931.11.7 또는 12.7.

◆ "내가 사람의 방언과 천사의 말을 하더라도 내게 사랑이 없다면, 나는
울리는 종과 시끄러운 꽹과리와 다를 게 없다."(『고린도전서』 13장 1절)

106

참회의
두려움

나의 악행을 마을 사람들에게 참회해야 한다는 신의 목소리가 오늘 내 안으로 들어왔다. 다른 식으로 말할 수 없다. 비록 그래야 한다고 해도, 나는 그럴 수 없다고, 그러고 싶지 않다고 말했다. … 결국 내가 악당이라는 사실이 드러난 셈이다. 이 일이 일어나고 얼마 되지 않아 나는 내게 말했다. 십자가에 매달릴 준비가 되었다고.

결국 나는 모든 이들이 나를 좋게 생각해주기를 몹시 바라나! 비록 그것이 잘못된 생각일지라도. 물론 그것이 잘못된 생각이라는 걸 나는 안다!

『비트겐슈타인의 1930년대 일기』 155(321)쪽, 1936.11.25.

107

윤리적으로
완벽한 삶

물론이오! 나는 완벽하게 되기를 원하오!

파니아 파스칼 「사적인 회고록」 37쪽

1937년 초 비트겐슈타인은 러시아어 과외 선생이자 친구인 파니아 파스칼을 불러내 양심 고백을 하였다. 이에 대해 파스칼이 "뭐가 문제죠? 당신은 완벽한 사람이 되고 싶은 건가요?"라고 묻자 대답한 말.

108

거짓말과
진리

너무 많이 아는 사람은 거짓말하지 않기가 힘들다.

『문화와 가치』 73(137)쪽
(MS 135 191: 1947.12.17)

거짓말을 멈추려고 하지 않으면서 진리를 말할 수는 없다.

『문화와 가치』 44(93)쪽
(MS 117 168c: 1940.2.17)

109

소심함에서 비롯한 정직

소심함 때문에 정직하고자 하는 게 아니라, 정의감 또는 타인에 대한 존중 때문에 정직하고자 하는 사람은 운이 좋은 것이다. 내가 정직할 때 나의 정직함은 대부분 소심함에서 비롯된 것이다.

그런데 나는 가령 종교적인 영역에서 일어나는 내 안의 이러한 정직함을 비난하지는 않는다. 나는 쾌락과 고통의 더러운 저지대에서 벗어나 이 종교적인 영역으로 피신한다. 이러한 피신은 더러움에 대한 두려움에서 행해질 때 옳은 것이다. 즉, 다른 이들은 덜 영적인 곳에서 인간이 될 수 있는 반면, 나는 내가 인간이 될 수 있는 보다 영적인 영역으로 옮겨갈 때 올바로 행동하는 것이다. 나는 그저 그들처럼 낮은 층에서 살 수가 없을 뿐이며, 그들의 영역에서 열등감을 느끼는 것은 정당하다. 나는 희박한 공기 속에서 살아야 하며 거기가 내가 속한 곳이다. 나는 두터운 대기 속에서 타인들과 함께 살려는 유혹에 저항해야 한다.

『비트겐슈타인의 1930년대 일기』 95[199–201]쪽, 1931.5.6.

110

교수직은
나를 자극하지 못한다

교수직을 맡는다는 것은 아주 우쭐할 만한 일이지만, 나는 건널목 차단기를 여닫는 직업을 갖는 편이 훨씬 더 나았을지 모른다. 나는 (허영심과 우둔함 때문에 얻는 것 말고) 내 현재 위치에서 아무런 자극도 받지 않는다.

레이 몽크 『비트겐슈타인 평전』 415(597)쪽

━━━

조지 무어의 후임으로 케임브리지 정교수가 된 후 친구 에클스에게 보낸 편지(1939.3.27).

111

조롱에 대한
두려움

도스토옙스키는 언젠가 오늘날 악마는 조롱에 대한 두려움의 모습으로 위장하고 있다고 말한 바 있다. 이것은 틀림없는 사실이다. 나 역시 무엇보다 조롱을 두려워한다. 조롱받는 것보다 더 무조건 피하고 싶은 것은 없다. 하지만 나는 이것이 다른 것들과 마찬가지로 비겁하다는 걸 알고 있다. 모든 곳에서 추방된 비겁함이 마지막 정복되지 않는 요새를 거기에 마련한 것이다.

『비트겐슈타인의 1930년대 일기』 123(257)쪽, 1931.11.2.

비트겐슈타인은 여기서 도스토옙스키의 『카라마조프가의 형제들』 10편 6장을 언급하고 있다. 콜랴 크라소트킨이 사람들이 자신을 비웃고 있다고 걱정하자, 알료샤는 이렇게 답한다. "악마는 허영심의 모습을 하고서 모든 세대 속으로 들어옵니다. 그것은 그저 악마일 뿐입니다."

112

허영심
버리기

나는 교수직을 포기했을 때 마침내 허영심을 없앴다고 생각했다. 이제 나는 지금 쓰고 있는 책의 문체에 대해 허영심을 가지고 있다는 걸 알게 됐다.

모리스 드루어리 「비트겐슈타인과의 대화」 159쪽

———

『논리철학논고』와 『철학적 탐구』의 문체를 비교하며 드루어리에게 한 말 (1949년).

113

타인을 바라보지 말고
자신에게 귀기울여라

마음속에서 이미 나는 자신의 소리가 아니라 후세가 나에 관해 말하는 소리를 듣고 있다. 나 자신은 물론 나를 잘 알기 때문에 훨씬 덜 감탄하는 청중이다.

내가 해야 할 일은 이것이다. 상상 속의 타인에게 귀기울이지 말고 너 자신에게 귀기울여라. 즉 나를 쳐다보는 타인을 바라보지 말고, 너 자신을 바라보라. 너는 지금 타인을 의식하고 있다. 이 얼마나 비열한 일인가. 자신의 눈길을 피해 타인을 바라보려는 유혹은 또 얼마나 커다란가.

『비트겐슈타인의 1930년대 일기』 139(289)쪽, 1931.11.15 또는 12.15.

114

양심의
고통

나의 양심은 내가 비참한 인간임을 내게 보여준다. 고통을 두려워하는 나약하고 비겁한 인간임을, 예컨대 호텔 문지기나 종업원들 같은 타인들에게 비호감을 일으키는 것을 두려워하는 인간임을, 천박한 인간임을 보여준다. 하지만 나는 겁쟁이라는 비난을 가장 무겁게 느낀다. 그러나 그 뒤에는 무관심(과 오만)이 있다. 그러나 진리에 대한 패배보다 외부에 대한 패배를 보다 강하게 느끼는 한, 내가 지금 느끼는 수치심 또한 좋은 게 아니다. 나의 자부심과 허영심이 고통스럽다.

『비트겐슈타인의 1930년대 일기』 157(325)쪽, 1937.1.27.

115

독창성의 시초는
거짓말을 하지 않는 것

거짓말을 하지 않는 사람이라면, 그는 충분히 독창적이다. 왜냐하면 바람직한 독창성은, 아무리 특색 있다 하더라도, 어쨌든 일종의 재주나 진기함일 수는 없기 때문이다. 실로, 있는 그대로의 자기 자신이 아닌 것을 원하지 않는 것, 그 것이야말로 훌륭한 독창성의 시초이다.

『문화와 가치』 68(130-131)쪽
(MS 134 129: 1947.4.9)

116

꿈속의
허영심

지난밤에 이런 꿈을 꾸었다. 나는 파울과 미닝과 함께 전차 플랫폼 앞에 서 있는 것 같았다. 파울이 미닝에게 내 놀라운 음악적 재능에 매부인 제롬이 얼마나 열광했는지를 말했다. 전날 내가 멘델스존의 곡을 너무도 훌륭히 불렀다는 것이다. … 파울과 미닝은 제롬의 칭찬에 완전히 동조했고, 제롬은 "대단한 재능이야!" 하고 찬사를 연발했다. … 나는 거무스름한 씨앗들이 담긴 작은 꼬투리가 이미 벌어진 시든 식물을 손에 들고 생각했다. 만일 그들이 내가 쓰지 않은 음악적 재능이 얼마나 아쉬운지를 말하려 한다면, 나는 그들에게 그 식물을 보여주며 말하겠다. 자연은 씨앗에 인색하지 않다고, 우리는 두려워하면서 씨앗을 던져버려서는 안 된다고. 이 모든 장면에서 나는 자만하는 태도로 있었다. 잠에서 깨어 나의 허영심에 화가 났다. 아니 수

치스러웠다. (대략) 지난 두 달간 이런 꿈을 꾼 적이 없다. 즉 꿈속에서 거짓말을 하고 너절하게 처신하고는 더러운 기분으로 깨어난 적이 없었다. 이것이 꿈인 것에 대해, 이런 꿈을 일종의 경고로 보내주신 것에 신께 감사드린다. 내가 완전히 비열해지거나 또한 미쳐버리지 않도록 신이여 자비를 베푸소서.

『비트겐슈타인의 1930년대 일기』 163−165(339−343)쪽, 1937.1.28.

117

죄의식과
허영심

죄의식에 사로잡힌 양심은 쉽게 참회할 수 있지만, 허영심
에 사로잡힌 사람은 결코 참회할 수 없다.

『비트겐슈타인의 1930년대 일기』 123(259)쪽, 1931.11.2.

118

허영심은
악이다

상처받은 허영심은 세상에서 가장 끔찍한 힘이다. 가장 큰 악의 근원이다.

모리스 드루어리 「비트겐슈타인과의 대화에 대한 비망록」 77쪽

119

너 자신이 비참한
죄인임을 알라

너 자신을 알라. 그러면 네가 모든 점에서 비참한 죄인이라
는 것을 재삼 알게 될 것이다. 하지만 나는 비참한 죄인이
되고 싶지 않다. 나는 모든 수단을 써서 빠져나가려고 한다.
(어떤 것이든 출구로 삼아서 이 심판으로부터 도망치려고 한다.)

『비트겐슈타인의 1930년대 일기』 111(231)쪽, 1931.10.13.

120

스스로를
깨닫는다는 것

클라우디우스 책에서 스피노자가 자신에 대해 쓴 글을 읽었는데, 그의 성찰이 마음에 들지 않았다. 뭐라고 분명히 말할 수는 없었지만, 어떤 측면에서 의구심이 들었다고 생각한다. 내 생각에는 스피노자가 스스로를 깨닫지 못했던 것 같다. 요컨대 내가 자신에 대해서 말해야만 하는 바로 그것이다. … 그는 자신이 비참한 죄인이라는 것을 깨닫지 못한 것처럼 보인다. 물론 나는 이제 내가 죄인이라고 쓸 수 있다. 하지만 나는 그것을 깨닫지 못하고 있다. … 깨닫는다는 말은 오해를 불러올 소지가 있다. 왜냐하면 용기를 요구하는 것은 행동이기 때문이다.

『비트겐슈타인의 1930년대 일기』 103–105(217–219)쪽, 1931.10.12.

121

연구비를
거절한 이유

현재의 내 건강 상태와 지적으로 둔감한 상태에선 연구비
를 받을 수 없습니다.

레이 몽크 『비트겐슈타인 평전』 566(806)쪽

———

노먼 맬컴은 노년의 비트겐슈타인이 금전적 어려움을 겪을까 봐 염려해
록펠러 재단의 연구비를 받을 수 있게 주선하였다. 비트겐슈타인은 자신
의 연구가 지지부진한 상황에서 "거짓된 가장으로 연구비를 받을 수 없
다"며, 록펠러 재단의 임원이 찾아왔을 때 거절 의사를 밝혔다(1951.1.12).

8
자기와의 대화

자기에 대해서 실제의 자신보다
더 참되게 글을 쓰는 것은 불가능하다.

122

자기에게
말 걸기

새 숙소는 마치 새옷을 입은 것처럼 아직 내게 맞지 않는다. 춥고 불편하게 느껴진다. 이 글을 쓰는 까닭은 그저 뭔가를 써서 나 자신에게 말을 걸기 위해서다. 이렇게 말할 수 있다. 마침내 나는 철저히 혼자가 되었다고. 그리고 점점 나 자신과의 대화 속으로 들어가야 한다고.

『비트겐슈타인의 1930년대 일기』 53[117]쪽, 1930.10.8.

123

사유의
즐거움

내가 사유에서 얻는 즐거움은 나 자신의 이상한 삶에서의
즐거움이다. 이것이 삶의 기쁨일까?

『문화와 가치』 20(55)쪽
(MS 155 46r: 1931)

124

사람의
진짜 모습

공습에 맞서 위에서 볼 때 나무나 바위처럼 보이도록 대포에 페인트를 칠하면, 대포의 진짜 윤곽은 알아볼 수 없게 되고 대신 가짜 윤곽이 남는다. 이때 대포를 제대로 알아보는 일은 얼마나 어려운가. … 내 누이 그레틀은 언젠가 에머슨의 에세이에서 그의 친구인 어떤 철학자(이름을 잊었다◆)를 묘사한 글을 읽고는 그 사람이 분명 나와 비슷한 사람이라는 걸 알 수 있었다고 말했다. 그때 나는 속으로 생각했다. 대단한 착시 현상이군. 착시 속에서 딱정벌레는 나뭇잎처럼 보이지만, 그것은 인조 꽃잎이 아니라 진짜 딱정벌레이다.

『비트겐슈타인의 1930년대 일기』 121(253)쪽, 1931.10.24.

◆『월든』의 저자 헨리 데이비드 소로를 말한다.

125

내가 위대한 발견을
할 수 있을까

나는 위대한 발견을 하려는 과정에 있다. 그러나 내가 도
달하게 될까?!

레이 몽크 『비트겐슈타인 평전』 117(175)쪽
(MS 101, 1914.9.5)

126

나의
하루

나의 하루는 논리학, 휘파람, 산책, 그리고 우울해지는 것
으로 지나갑니다.

『러셀, 케인스, 무어에게 보내는 편지』 45쪽

───

노르웨이의 오두막에서 은거하며 연구에 몰두하던 시절 러셀에게 보낸
편지(1913.12.15). 후에 비트겐슈타인은 "그때 나의 정신은 불타고 있었다"
라고 회상했다.

127

철학은
자기 자신에 대한 작업이다

철학의 작업은 건축 작업이 여러모로 그렇듯이 실은 오히려 자기 자신에 대한 작업이다. 자기 자신을 파악하는 작업. 대상들을 보는 방식에 관한 작업이다.

『문화와 가치』 24(61)쪽
(MS 112 46: 1931.10.14)

128

나의 글은
자신과의 대화이다

나는 거의 언제나 자신과의 혼잣말을 글로 쓴다. 내가 자신과 단둘이서 이야기하는 문제들을.

『문화와 가치』 88(161)쪽
(MS 137 134b: 1948.12.26)

129

나의 문장은
천천히 읽어야 한다

때때로 문장은 올바른 속도로 읽을 때에만 이해될 수 있다.
나의 문장들은 모두 천천히 읽어야 한다.

『문화와 가치』 65(125-126)쪽
(MS 134 76: 1947.3.28)

나는 구두점을 계속 표시해서 읽는 속도를 정말로 늦추고
싶다. 왜냐하면 독자들이 천천히 읽었으면 하기 때문이다.
(나 자신이 읽는 것처럼)

『문화와 가치』 77(144)쪽
(MS 136 128b: 1948.1.18)

130

올바로 쓴
문장

올바로 쓴 문장에서는, 심장 또는 뇌의 한 조각이 떨어져
나와 종이 위에 문장으로 내려앉는다. 나의 문장은 대부
분 내게 일어난 시각 이미지를 기술한 것이라고 생각한다.

『비트겐슈타인의 1930년대 일기』 123(255)쪽, 1931.10.31.

131

표현의
어려움

나는 표현하고자 하는 것을 겨우 절반 정도만 성공적으로 표현할 따름이다. 실은 그 정도도 못 되고, 아마 10분의 1 정도일 것이다. 이것은 뭔가를 말해주는 게 틀림없다. 나의 글쓰기는 종종 단지 더듬거리며 말하는 것에 불과하다.

『문화와 가치』 16(48)쪽
(MS 154 1v: 1931)

132

나는
펜으로 생각한다

나는 사실상 펜으로 생각한다. 내 머리는 종종 내 손이 무엇을 쓰고 있는지 전혀 모르기 때문이다.

『문화와 가치』 24(61)쪽
(MS 112 114: 1931.10.27)

133

우리는
자기 키높이에서 글을 쓴다

자기에 대해서 실제의 자신보다 더 참되게 글을 쓰는 것은 불가능하다. 이것이 자신에 관한 글쓰기와 외부 대상들에 관한 글쓰기 사이의 차이점이다. 우리는 자기 키높이에서 자신에 대해 글을 쓴다. 여기서 우리는 죽마나 사다리 위가 아니라 맨발로 서 있다.

『문화와 가치』 38(83)쪽
(MS 120 103c: 1937.12.12)

134

바깥에서
나를 관찰하기

우리는 자신의 성격을 자신의 글과 마찬가지로 바깥으로부터는 거의 관찰할 수 없다.

『문화와 가치』 26(65)쪽
(MS 156a 49v: 1932-1934 무렵)

135

자기 기만으로
문체를 속일 수는 없다

자신에 대해서 스스로 거짓말 하는 것, 자신의 의지 상태를 꾸며내서 자신을 속이는 것은 틀림없이 [그 사람의] 문체에 나쁜 영향을 미친다. 왜냐하면 그 문체에서 무엇이 진짜고 무엇이 가짜인지를 구별할 수 없게 되기 때문이다. …그리고 그것은 나 스스로가 빠진 위험이다.

내가 자신에게 연기를 한다면, 문체는 바로 그것을 표현하게 된다. 그러면 그 스타일은 나 자신의 것일 수 없다. 만일 당신이 자기가 누구인지 알 의향이 없다면, 당신의 글은 기만의 한 형태일 뿐이다.

어느 누구든 어렵다는 이유로 자신 속으로 깊이 내려갈 의향이 없다면, 그는 피상적인 글만 쓸 것이다.

러시 리스 「회상록 후기」 174쪽, 1938.2.

136

문체의 결점
받아들이기

우리는 자기 문체의 결점을 받아들여야 한다. 마치 자기 얼굴의 추함을 받아들여야 하는 것처럼.

『문화와 가치』 86(158)쪽
(MS 137 106b: 1948.11.23)

137

진실된
자서전에 대해

사람이 자신에 관해서 진실을 적을 때 정신은 가장 고귀한 것에서 가장 비열한 것까지 다양한 형태로 나타날 수 있다. 그래서 진실을 적어두는 것은 매우 바람직하기도 하고 매우 그릇되기도 하다. 실제로 사람들의 진실을 담은 자서전에는 최고에서 최하까지 모든 단계들이 있다. 이를테면 나는 발을 딛고 있는 땅보다 더 높은 곳에서 자서전을 쓸 수 없다. 그리고 자서전을 쓴다는 사실로 나 자신이 반드시 고양되는 것은 아니다. 오히려 그렇게 함으로써 자신을 원래보다 더 더럽게 만들 수도 있다. … 나는 나뿐 아니라 다른 사람들 바로 앞에 내 삶이 뚜렷이 보이도록 깨끗이 펼쳐보고 싶다. 내 삶을 재판에 회부하려는 것이 아니라, 어느 경우에도 명료성과 진리를 얻기 위해서다.

레이 몽크 『비트겐슈타인 평전』 281-282(406)쪽, 1929.12.28.

138

자신을 극복한 사람만
진리를 말할 수 있다

아직 자기 자신을 극복하지 못했다면, 우리는 진리를 말할
수 없다. 하지만 우리가 진리를 말할 수 없는 것은, 아직 충
분히 영리하지 못해서가 아니다.

진리에 이미 거하는 사람만이 진리를 말할 수 있다. 아직 비
진리에 머무르고 있는 자, 어쩌다 한번 비진리에서 진리로
손을 내미는 자는 말할 수 없다.

『문화와 가치』 41(88)쪽
(MS 162b 37r c: 1939-1940)

139

벌거벗은
영혼

벌거벗은 영혼은 옷을 입은 부르주아적 영혼보다 세상에 더 커다란 인상을 남긴다. 무에서 세상을 거쳐 지옥까지. … 나의 영혼은 대부분의 사람들보다 더 벌거벗었다. 말하자면 나의 천재성은 바로 여기에 있다.

『비트겐슈타인의 1930년대 일기』 147(305)쪽, 1932.1.28.

140

생각의
산책자

책을 쓰려는 의도 없이 혼자 생각할 때, 나는 주제의 주위
를 뛰어 돌아다닌다. 나로서는 이것이 단 하나의 자연스러
운 사고방식이다. 질서정연하게 사고하도록 강요되는 것
은 나에게 고통이다.

『문화와 가치』 33(75)쪽
(MS 118 94v c: 1937.9.15)

141

위대하다는
망상

모든 사람이 위대한 인간들인가? 아니다. 자, 그렇다면 어떻게 너는 위대한 인간이기를 바랄 수 있는가! 네 이웃들에게는 주어지지 않은 어떤 것이 왜 너에게는 주어져야 한단 말인가? 무슨 이유로? 부자가 되고 싶은 너의 소망이 네가 부자라고 생각하도록 만드는 건 아니다. 그렇다면 그것을 보여주는 것은 관찰, 경험일 수밖에 없다! 그런데 너는 (허영심 외에) 어떤 경험을 지니고 있는가? 단지 재능을 경험했을 뿐이다. 내가 비범한 사람일 거라는 망상은 내가 가진 특별한 재능에 대한 경험보다 실로 훨씬 오래된 것이다.

『문화와 가치』 53-54(107)쪽
(MS 130 291 c: 1946.8.9)

142

신을 위해
희생할 수 있을까

겸손보다 내게 힘든 것은 없다. 지금 키르케고르를 읽으면
서 나는 다시 이것을 알게 된다. 열등하다고 느끼는 일보다
내게 힘든 것은 없다. 그것이 그저 현실을 있는 그대로 보
는 일에 불과할지라도 그러하다.

내가 신을 위해 나의 글을 희생할 수 있게 될까?

『비트겐슈타인의 1930년대 일기』 185〔381〕쪽, 1937.2.18.

루트비히 비트겐슈타인의 형제와 누나들. 큰 누나 헤르미네의 무릎에 앉은 막내가 루트비히다.

빈 알레가세에 있던 비트겐슈타인 저택의 응접실. 비트겐슈타인 가문의 저녁 음악 모임에는 브람스, 말러, 브루노 발터 등 당대의 저명 음악가들이 참석했다.

노르웨이 송네 피오르에 있던 비트겐슈타인의 오두막. 그는 속세를 벗어나 보트를 타고서만 닿을 수 있는 이곳에서 논리학 연구에 몰두했다.

비트겐슈타인의 군인 신분증. 1918년 2월 중위로 진급했다.

푸흐베르크에서 초등학교 교사 시절 제자들과 함께.

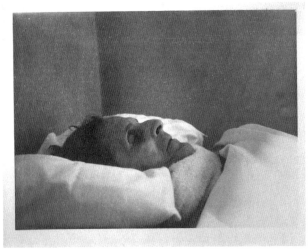

1951년 4월 29일 영국 케임브리지에 있는 주치의 베번 박사의 집에서 임종했다.

143

허영심을 버리려는
허영심

허영심을 버리고 싶다고 말할 때, 그것을 바라는 것 역시 일종의 허영심이 아닌가 하는 의심이 든다. 나는 허영심이 있다. 그리고 내가 허영에 빠져 있는 이상, 개선을 향한 나의 바람 역시 허영이다. 나는 그렇다면 허영심이 없는, 내가 좋아하는 어떤 사람이 되고 싶고, 마음속에서 이미 허영심을 '버림'으로써 얻게 될 이익을 평가하고 있다. 우리가 무대 위에 있는 한, 무엇을 하든 간에 우리는 결국 배우일 뿐이다.

『비트겐슈타인의 1930년대 일기』 139(287)쪽. 1931.11.15 또는 12.15.

144

위인들의
근면함에 대해

나는 어떤 중요한 일을 이루기에는 너무 유약하고 힘이 없으며 또한 너무 게으르다. 위인들의 근면성은, 그들이 가진 내적인 풍요로움 외에도 무엇보다 그들의 힘을 보여준다.

『문화와 가치』 83(152)쪽
(MS 137 54b: 1948.6.25)

145

취미는 매혹할 수 있으나
감동시킬 수는 없다

가장 세련된 취미조차 창조력과는 무관하다. … 나에게 취미만 있는지, 아니면 독창성도 있는지 나로서는 판단할 수 없다. 취미는 내게 분명히 있지만, 독창성은 없거나 별로 뚜렷하지 않다. 어쩌면 그럴 수밖에 없다. 우리는 그저 자기가 무엇을 가지고 있는지만을 보지, 자기가 무엇인지는 보지 못하기 때문이다. … 취미는 즐거움을 줄 수 있으나 감동시킬 수는 없다.

『문화와 가치』 68(130-131)쪽
(MS 134 129: 1947.4.9)

146

시련은
사랑의 일부이다

마르그리트는 이제 나를 특별히 좋아하지 않는 것 같다. 그런데 매우 이상하다. 어떤 목소리는 내게 말한다. 그렇다면 다 끝났다고, 너는 가슴 아플 수밖에 없다고. 하지만 다른 목소리는 이렇게 말한다. 낙심해서는 안 된다고. 너는 그것을 예상했어야 하며, 비록 열렬히 소망했다 하더라도 네 인생이 어떤 특정한 사건의 발생에 좌우되어서는 안 된다고. 바로 이것이 옳은 목소리다. …

신이 그녀와 함께하기를 빈다! 자신이 가장 사랑하는 것을 마침내 신의 손에 맡기지 못하고, 자기 수중에서 계속 만지작거리는 사람은 결국 그 사랑을 할 자격이 없다. 왜냐하면 시련 또한 사랑의 일부이기 때문이다.

『비트겐슈타인의 1930년대 일기』 79(167)쪽, 1931.3.1.

147

서툰
기수처럼

나는 마치 서툰 기수가 말을 탄 것처럼 삶 위에 타고 앉아 있다. 내가 곧바로 나가떨어지지 않는 것은 그저 말의 성격 이 온순한 덕분이다.

『문화와 가치』 42(89)쪽
(MS 162b 55v: 1939-1940)

148

청중에게
영합하지 마라

강의할 때 나는 종종 코믹한 표현으로 청중들의 호감을 얻
으려 한다. 그들을 즐겁게 해서 내 말을 기꺼이 경청하도록
하려 한다. 이것은 분명 좋지 않은 일이다.

『비트겐슈타인의 1930년대 일기』 21(53)쪽, 1930.5.2.

149

삶의 변혁이냐
철학이냐

삶의 방식을 변혁하여 이 모든 물음들을 쓸데없는 것으로
만드는 것보다 나의 작업을 다른 사람들이 계속 이어가기
를 더 바라고 있는지가 나로서는 전혀 분명치 않다. (그 때
문에 나는 학파를 세울 수 없을 것이다.)

『문화와 가치』 70(133)쪽
(MS 134 143: 1947.4.13-14)

━━━

철학보다 삶의 방식의 변화에 더 높은 가치를 두었다고까지는 확실히 말
할 수 없지만, 여러 차례 철학을 떠나 새로운 삶을 시도한 것은 사실이다.
철학을 그만두고 초등학교 교사, 건축사, 정원사, 의사, 노동자, 지휘자가
되고자 시도했지만 결국은 철학으로 돌아왔다.

150

정신의
기관지염

나의 직업이 언제든지 내게서 사라질지도 모르는 재능에 전적으로 달려있다고 생각할 때면 무서워진다. 자주 반복해서 이런 생각을 하게 된다. 어떻게 모든 것이 우리에게서 사라질 수 있는데도, 모든 이들이 자신이 무엇을 가지고 있는지조차 모르는지를. 오직 그것을 갑자기 잃었을 때에야, 비로소 가장 중요한 것에 대해 알게 되는지를. 우리는 그것이 너무나 본질적이기 때문에, 그래서 너무나 평범하기 때문에 그것을 알아채지 못한다. 마치 기관지염에 걸리기 전에는 숨 쉬고 있다는 것을 알아채지 못하듯이. 우리는 자명하다고 여겼던 것이 전혀 자명하지 않다는 것을 알게 된다. 그리고 정신에는 훨씬 더 많은 종류의 기관지염이 있다.

『비트겐슈타인의 1930년대 일기』 11(31–33)쪽, 1930.4.26.

9
충고와 조언

만약 철학을 공부하는 것이
일상의 중요한 문제들에 관한 생각을
개선시켜주지 않는다면,
철학을 공부하는 게 무슨 소용이겠는가?

151

철학이
무슨 소용이 있을까?

만약 철학을 공부함으로써 얻는 효용이 그저 난해한 논리학의 문제들에 그럴듯하게 말할 수 있게 하는 것이라면, 만약 철학을 공부하는 것이 일상의 중요한 문제들에 관한 생각을 개선시켜주지 않고, … 우리를 더 양심 있게 만들지 않는다면, 철학을 공부하는 게 무슨 소용이겠는가? '확실성', '확률', '지각' 등에 관해서 잘 생각하는 것이 어렵다는 것을 나는 잘 알고 있다. 하지만 우리 인생과 다른 사람들의 삶에 관해서 참으로 정직하게 생각하거나 그러려고 노력하는 것은 가능하긴 하지만 훨씬 더 어려운 일이지. 문제는 이런 것들을 사유하는 것이 가슴 뛰는 게 아니라 종종 매우 불쾌하다는 사실이지. 그리고 불쾌할 때가 가장 중요한 거라네.

노먼 맬컴 『비트겐슈타인의 추억』 55쪽. 1944.11.16.

152

다치는 게 두려운 사람은
정직하게 생각할 수 없다

피상적인 대화를 하느니 차라리 충돌하는 게 낫다. … 우리
가 살아서 서로 다시 보게 되면 파헤치는 것을 피하지 말
자. 다치는 게 두려운 사람은 정직하게 생각할 수 없다. 나
는 이것을 잘 알고 있다. 왜냐하면 나도 그런 회피자이기
때문이다.

노먼 맬컴 『비트겐슈타인의 추억』 56쪽

―――

제자 노먼 맬컴이 편지를 자주 보내지 않자 예전에 영국의 국민성을 놓
고 벌였던 격한 논쟁 때문에 상처를 받아서 회피하는 것으로 생각하고 보
낸 편지(1944.11.16).

153

나는 나 자신의 공기를
스스로 제조한다

네가 당장 케임브리지를 벗어나는 것이 중요하다. 케임브
리지에는 너를 위한 산소가 없다. 나에겐 문제 되지 않는다.
나는 나 자신의 공기를 스스로 제조하므로.

모리스 드루어리 「비트겐슈타인과의 대화」 121쪽

───

제자 드루어리에게 케임브리지를 떠나 보통 사람들과 어울릴 수 있는 상
점이나 공장일을 찾아보라고 진로 지도를 하면서 한 말. 드루어리는 나중
에 정신과 의사가 되었다.

154

일을 그만둘
힘을 갖추라

박사학위 받은 걸 축하하네! 그리고 이제 자네가 학위를 잘 활용하길 바라네. 무슨 말인가 하면 자네 자신 또는 학생들을 기만하는 일이 없기를 바란다는 얘기야. 왜냐하면 내가 아주 많이 틀리지 않는다면, 사람들은 자네가 그렇게 하기를 기대할 것이기 때문이지. 그리고 그 기대에 따르지 않는다는 건 매우 힘든 일이라는 게 사실이네. 어쩌면 불가능할수도 있지. 그런 경우에는 일을 그만둘 힘을 갖추기를 바라네. 이걸로 오늘의 설교는 끝. … 좋은 생각(반드시 똑똑할 필요는 없어)을 많이 하고, 쉽게 밑천이 드러나지 않는 고귀함을 간직하길 바라네.

노먼 맬컴 『비트겐슈타인의 추억』 51쪽, 1940.6.22.

155

자신을
속이지 마라

행운을 비네. 특히 대학 일이 잘 되길 바라네. 자신을 속이고 싶은 유혹이 엄청나게 커질 거야(자네가 유독 그렇다는 건 아니고 그와 같은 위치에 있는 누구나 마찬가지일 걸세). 오로지 기적에 의해서만 철학을 가르치면서도 고귀한 일을 할 수 있을 것이네. 내가 지금까지 했던 말을 다 잊는다 해도 부디 이 말만은 기억하게. 그리고 되도록 나를 꼰대라고 생각하지는 말게. 아무도 자네에게 이런 말을 해주지는 않을 테니까.

노먼 맬컴 『비트겐슈타인의 추억』 52쪽

━━

노먼 맬컴이 프린스턴 대학교의 철학 강사가 되었을 때 편지를 통해 충고한 말(1940.10.3).

156

그저 사람들을
친절히 대하라

사람들을 친절히 대하시오. 그게 당신이 할 일이오. 다른 건
없소. 그저 사람들에게 친절하시오.

파니아 파스칼 「사적인 회고록」 22쪽

파니아 파스칼이 케임브리지 소련 위원회에 선출되었다고 하자 비트겐슈
타인이 정치 참여를 만류하며 조언한 말. 파스칼은 이를 매우 불쾌해했다.

157

타인을 먼저
생각하라

너 자신을 생각하지 말고, 타인들을 생각하라. 예컨대 너의 환자들을. … 사람들이 겪고 있는 정신적, 육체적 고통을 보라. 너는 그 고통들을 가까이서 접하고 있는데, 그 경험이 네가 겪고 있는 어려움들을 치유하는 좋은 약이 되어야 한다. … 너의 환자들은 어려움을 겪는 사람이니 더 살갑게 대해주어라. 그리고 네가 많은 사람들에게 "안녕히 주무십시오"라고 말할 수 있는 기회를 더 즐겨라. 이 하나만으로도 많은 사람들이 부러워할, 너만이 갖고 있는 하늘이 준 선물이다. 그리고 이런 것들이 너의 소모된 영혼을 치료해야 한다고 믿는다. … 내 생각에 너는 어느 의미에선 사람들의 얼굴을 충분히 가깝게 바라보지 않는다.

모리스 드루어리 「비트겐슈타인과의 대화에 대한 비망록」 95-96쪽

158

비틀거리며
나아가라

이 사건 때문에 일을 포기해서는 안 된다. 우리는 계속해서 비틀거리고 쓰러지고, 비틀거리며 쓰러진다. 우리가 할 유일한 일은 추스리고 일어나서 다시 나아가려고 시도하는 것이다. 적어도 이것이 내가 평생 동안 해야 했던 일이다.

모리스 드루어리 「비트겐슈타인과의 대화」 163쪽

———

드루어리가 병원에서 난폭한 환자와 충돌한 뒤 일이 힘들어 포기하고 싶어 했을 때 조언한 말.

159

친절과 배려를
베푸는 일을 얻기를

자네가 훌륭한 군인이 될 거라는 걸 알지만, 꼭 그렇게 될
필요가 없다면 좋겠어. 자네가 조용한 삶을 살면서 친절
과 배려가 필요한 다양한 부류의 사람들에게 친절과 배려
를 베풀 수 있는 자리를 얻을 수 있다면 좋으련만! 왜냐하
면 우리 모두 이런 미덕을 절실히 원하고 있기 때문이지.

노먼 맬컴 『비트겐슈타인의 추억』 52쪽

노먼 맬컴이 프린스턴 대학교에서 재임용이 안 되어 군에 입대하게 될 것
같다고 하자 보낸 편지(1941.7.5).

160

힘이 있을 때
공부하라

라이프니츠 같이 위대한 사람을 연구할 시간이 충분히 있다는 걸 행운으로 알게. 아직 놀 수 있는 힘이 있을 때 열심히 공부해야 해. 정신은 육체보다 훨씬 먼저 뻣뻣해지니까.

모리스 드루어리 「비트겐슈타인과의 대화」 105쪽

드루어리가 졸업 시험을 위해 라이프니츠를 읽어야 한다고 하자 충고해 준 말(1930년).

161

부끄러운 직장을
계속 다녀서는 안 된다

한 가지 분명한 것은, 부끄럽고 사기를 떨어뜨리는 곳에서
계속 일을 해서는 안 된다는 것이다.

레이 몽크 『비트겐슈타인 평전』 460(657)쪽

일 때문에 고민하던 롤런드 허트에게 보낸 편지(1944.3.17). 몇 년 후 비트
겐슈타인 자신도 경직성과 위선에 환멸을 느끼던 케임브리지 대학교 교
수직을 사임했다.

162

자존심을 잃지 않고
할 수 있는 일을 하라

네가 정말로 잘하는, 너무 잘해서 자존심을 잃지 않고 할 수 있는 그런 일을 하라. … 더 나은 혹은 더 적합한 일을 얻기 위해서 할 수 있는 모든 수단을 이용하는 것은 현명한 일이다. 하지만 그 방법들이 계속 실패한다면, 더 이상 불평하는 것이 의미가 없게 돼서 지금 하는 일을 수용해야만 하는 그런 때가 올 것이다. 너는 방에 들어가서 "여기 일은 그저 임시로 하는 것일 뿐"이라고 말하면서 자기 가방을 풀지 않는 사람과 같다. 그러나 만약 더 나은 곳을 발견할 수 없거나, 또는 전혀 다른 마을로 이사하는 위험을 감수할 의향이 없다면, 이 사람이 할 일은 그 방이 좋건 싫건 가방을 풀고 그 방을 받아들이는 것이다. 왜냐하면 무슨 일이든 하는 것이 기다리는 상태로 살아가는 것보다는 낫기 때문이다. … 전쟁이 끝났을 때 너는 인간이 되어야 한다. 만약 지금 자신을 훈련시키지 않는다면 너는 그렇게 되지 못할 것이다.

레이 몽크 『비트겐슈타인 평전』 461-462(660)쪽

군생활에 적응하지 못하고 불평하는 롤런드 허트에게 보낸 충고의 편지
(1944.3.24).

163

눈을
더 크게 뜨라

전쟁이 '지겹다'는 생각에 대해 이런 말을 해주고 싶네. 만일 어떤 소년이 학교가 아주 지겹다고 말한다면 그 애에게 이렇게 대답할 수 있을 테지. 네가 거기서 정말로 배울 수 있는 걸 배우게 된다면, 학교가 그렇게 지겹지는 않다는 걸 알게 될 거라고. 이제 내가 말하는 것을 언짢아하지 말고 들어보게. 자네가 만일 눈을 뜨고 지켜본다면 이 전쟁에서 인류에 대해 엄청나게 많이 배울 수 있다고 믿을 수밖에 없을 걸세. 그리고 더 잘 생각할수록 자네가 보는 것으로부터 더 많이 얻을 수 있지. 왜냐하면 사유한다는 것은 소화하는 것이기 때문이네. 설교하는 투로 쓰고 있다면 내가 정말 멍청이겠지! 하지만 많이 권태롭다는 건 정신적 소화가 제대로 되지 않고 있다는 의미라는 사실에는 변함이 없네. 좋은 치료법은 때로는 눈을 더 크게 뜨는 것이라고 생각하네.

때로는 책이 약간은 도움이 되기도 하지. 예를 들어 톨스토이의 『하지 무라드』도 나쁘지 않을 거야. 미국에서 그걸 구할 수 없다면 말해주게. 아마 여기서 구할 수 있을 테니까.

노먼 맬컴 『비트겐슈타인의 추억』 155-156쪽, 1945.6.26.

164

백병전이
벌어지는 경우

혹시라도 만약 백병전을 하게 되는 경우에는 너는 그저 선 채로 죽음을 당해야만 한다.

모리스 드루어리 「비트겐슈타인과의 대화」 149쪽

──────

노르망디 상륙 작전을 위해 떠나는 드루어리에게 한 충고. 드루어리는 이 충고가 1차대전 때 비트겐슈타인이 자신에게 했던 말이라고 느꼈다. 또한 이 충고는, 비트겐슈타인에게 조언을 구하는 것이 무시무시한 일이 될 수 있다고 한 파니아 파스칼의 말이 무슨 뜻인지 알게 해준다.(파니아 파스칼 「사적인 회고록」, 32쪽)

165

불평을
그만두라

처음 할 일은 쓸데없이 불평하는 일을 그만두는 것이다. 내가 보기에 네가 해야 할 일은 전선 근처 어딘가로 지원을 해서 위험을 감수하거나, 그렇게 하고 싶지 않다면 그저 지금 있는 곳에 눌러앉아 다른 곳으로 갈 생각 말고 지금 하는 일을 잘할 생각을 하는 것이다.

레이 몽크 『비트겐슈타인 평전』 462(660)쪽

1944년 4월 20일 롤런드 허트에게 보낸 편지. 비트겐슈타인은 1차대전 당시 전방 투입을 자원했던 자신의 과거를 허트의 상황에 투영한 듯한 충고를 해주었다.

166

행동할 수 있는 용기

나 자신은 용기가 거의 없는 사람이다. 너보다 훨씬 더 못하다. 하지만 오랜 투쟁 끝에 용기를 끌어내 무언가를 실행한 후에는 언제나 훨씬 더 자유롭고 행복하다고 느꼈다.

레이 몽크 『비트겐슈타인 평전』 460(658)쪽, 1944.3.17.

167

아주
거칠게 해보라

네가 힘든 환경에서 일하고 있다니 안됐다. 부디 포기하거나 절망하지 마라! … 물론 나는 도망갈 생각을 남보다 먼저 할 사람이다. 하지만 너 자신을 추스르기 바란다. … 어쨌든 반쯤 조는 학생들에게 논리학을 어느 정도이건 잘 가르치는 것보다 더 어려운 일은 없다(브레이스웨이트가 내 강의 중 코를 골았다는 말을 들은 적이 있다). 아주 거칠게 해보라! … 반복한다. 아주 엄격하게 해보라! 불만을 말하라. 독설을 퍼부어라. 그러나 계속해서 진도를 나가라. 그러면 우둔한 학생들도 그로부터 무언가를 얻어갈 수 있을 것이다.

레이 몽크 『비트겐슈타인 평전』 680쪽

───

흥미를 느끼지 못하는 학생들에게 논리학을 가르치는 일에 좌절한 러시 리스에게 보낸 편지(1944.11.28).

168

정신분석의 매력을
조심하라

나 역시 프로이트를 처음 읽었을 때 큰 인상을 받았지. 그
는 정말 비범한 사람이야. 물론 믿지 못할 생각도 많고, 그
개인의 매력과 주제의 매력이 워낙 커서 자네가 쉽게 속을
수도 있지. 프로이트는 항상 마음속의 어떤 강한 힘들과 어
떤 강한 편견들이 정신분석이라는 관념에 반발하는지만을
강조하지. 그러나 그는 그 관념이 프로이트 자신에게뿐만
아니라 사람들에게도 얼마나 큰 매력을 지니는지는 언급
하지 않아. 불쾌한 어떤 것을 드러내는 일은 강한 편견에
부딪힐 수 있지만, 그것은 종종 혐오스럽다기보다는 오히
려 매력적인 일이기도 해. 자네가 아주 분명하게 사고하
지 않는다면, 정신분석은 위험하고 고약한 기술이며 이익
은 없는 데 비해 엄청난 해를 끼치는 것이 될 수 있다네.
(내가 노파심에서 이런 소리를 한다고 생각한다면 다시 생각하

기 바라네!) — 물론 이 모든 것이 프로이트의 놀라운 과학적 성취를 손상시키지는 못하지. 단지, 놀라운 과학적 성취가 요즘 흔히 인류 파괴에 사용된다는 게 문제이지(정신과 육체 또는 지성을 파괴한다는 뜻일세). 그러니 정신 똑바로 차리고 있어야 하네.

노먼 맬컴 『비트겐슈타인의 추억』 62-63쪽

1945년 12월 6일 노먼 맬컴에게 보낸 편지. 비트겐슈타인의 누이 마르가레테는 프로이트의 친구였고, 그의 망명을 도와주기도 했다.

10
고독

네가 인류나 혹은 신에게
아무런 연결 관계가 없다면, 너는 이방인이다.

169

고향에서
추방당한 느낌

나는 친절한 사람들과 함께 있지만 (아니면 바로 그것 때문에?) 항상 방해받고 있는 느낌이 든다. 그들이 적극적으로 방해하는 게 아닌데도 나 자신에게 집중할 수 없다. 참으로 끔찍한 상태다. 그들의 한마디 한마디가 나를 괴롭힌다. 사람들에게 빙 둘러싸여 연구를 방해받고 있다는 느낌이 든다.

내 방에서 나는 외로움을 느끼는 게 아니라 고향에서 추방된 망명객인 듯 여겨진다.

『비트겐슈타인의 1930년대 일기』 53(121)쪽, 1930.10.9.

170

문제는
나 자신이다

알다시피 내 문제의 주된 근원은 나 자신입니다. 불행히도
그 문제는 내가 어디를 가든 따라다니는군요.

노먼 맬컴 『비트겐슈타인의 추억』 101쪽

1948년 6월 5일 노먼 맬컴의 아내 리에게 보낸 편지. 1937년 노르웨이에
있을 때도 무어에게 비슷한 내용의 편지를 보냈다. "이곳에 온 후로 연구
가 잘되지 않고 있습니다. 부분적으로는 나 자신의 문제로 상당히 괴로웠
던 탓입니다."(『러셀, 케인스, 무어에게 보낸 편지』 173쪽)

171

아무도 나를
이해하지 못할 것이다

걱정하지 마십시오, 나는 당신들이 그것을 결코 이해하지
못하리란 것을 알고 있습니다.

레이 몽크 『비트겐슈타인 평전』 271(391)쪽

──

『논리철학논고』를 박사학위 논문으로 인정하는 구두 시험에서 심사 교수
인 러셀과 무어가 어색하자 한 말. 그는 평생 아무도 자신을 이해하지
못할 것이라는 생각으로 괴로워했다. 제임스 클래그는 『망명 중의 비트겐
슈타인』에서 이런 생각이 비트겐슈타인이 지리적으로뿐만 아니라 시대적
으로도 자신을 망명자로 여긴 데서 비롯되었다고 추정했다.

172

교사가 되려는
이유

누이를 보면 닫힌 창문을 통해 밖을 보며 길을 지나가는 사람이 왜 이상한 행동을 하는지 이해하지 못하는 사람이 떠오릅니다. 그런 사람은 밖에 어떤 폭풍이 몰아치는지, 또는 그 지나가는 사람이 얼마나 힘겹게 버티고 서 있는지 알지 못합니다.

헤르미네 비트겐슈타인 「내 동생 루트비히」 4쪽

누이 헤르미네가 "철학적 훈련을 받고 초등학교 교사가 되려는 것은 정밀 기계로 나무상자를 열려는 사람처럼 보인다"고 하면서 교사가 되겠다는 생각을 만류하자 비트겐슈타인은 이렇게 대답했다.

173

자살에 대한
생각

최근 내 상황은 완전히 비참함 자체입니다. 나는 생명을 끊
는 것을 계속 생각해왔습니다. 지금도 이 생각은 여전히 나
를 괴롭힙니다. 나는 내려갈 수 있는 가장 마지막 지점까지
가라앉았습니다. 당신은 절대로 이 지점까지 오지 않기를!

윌리엄 워런 바틀리 3세 『비트겐슈타인 침묵의 시절』 44쪽

1920년 5월 30일 파울 엥겔만에게 보낸 편지. 비트겐슈타인은 "나 자
신을 다시 일으켜 세울 수 있을까요? 글쎄, 두고봐야겠지요"라고 덧붙
였다. 당시 비트겐슈타인은 사범대학에 다니고 있었고, 『논리철학논고』
의 출판이 잇따라 거절되어 절망에 빠져 있었다. 바틀리는 비트겐슈타인
의 비참한 심리 상태가 당시 방탕한 동성애 행위에 빠져 있었기 때문이
라고 추측했다.

174

대화를 나눌 상대가 없는 것의
괴로움

사람들에게 아무런 희망이 없는 시골에서 교사로 있는 것이 매우 어렵습니다. 이곳에서 단 한마디라도 이성적인 말을 나눌 수 있는 영혼을 만나지 못했습니다. 내가 이것을 얼마나 더 참아낼 수 있을 것인지 신만이 알 것입니다!

레이 몽크 『비트겐슈타인 평전』 209(302)쪽

1922년 2월경 버트런드 러셀에게 보낸 편지. 비트겐슈타인은 낭만적인 열정을 품고 시골 교사 생활에 임했으나 주민들은 낯선 이방인을 적대감과 거리를 갖고 대했다.

175

이방인이라는
느낌

[나는] 이 나라에서 이방인이라는 느낌이 든다. 만일 네가 인류나 혹은 신에게 아무런 연결 관계가 없다면, 너는 이 방인이다.

레이 몽크 『비트겐슈타인 평전』 516(741)쪽
(MS 135, 1947.7.28)

176

나는 외롭지만
너는 행복하기를

대체로 나는 외롭고 앞으로 올 시간이 두렵다! … 네가 행복하기를, 그리고 무엇이든지 네가 갖고 있는 것에 감사하길 바란다.

레이 몽크 『비트겐슈타인 평전』 434(623)쪽

―――

1941년 12월 31일 롤런드 허트에게 쓴 편지. 비트겐슈타인은 이때 가이 병원의 약국에서 배달원으로 일했는데, 정신적 육체적으로 많이 힘들어했다.

177

슬픔만 이어지는
저녁이 두렵다

나는 지금 나를 위협하는 완전한 고립의 두려움 때문에 매우 고통받고 있다. 이 삶을 어떻게 견딜 수 있을지 모르겠다. 날마다 무미건조한 슬픔만 이어지는 저녁을 두려워하는 삶일 뿐이다.

레이 몽크 『비트겐슈타인 평전』 442(633)쪽
(MS 125, 1942.4.9)

나의 불행은 너무 복잡해서 묘사하기가 어렵다. 그러나 아마 주된 이유는 여전히 외로움이다.

레이 몽크 『비트겐슈타인 평전』 442(633)쪽
(MS 125, 1942.5.26)

178

인생이란
고문이다

인생이란 고문이다. 우리는 앞으로 올 고통들을, 각양각색
의 끔찍한 고문들을, 더 예민하게 느낄 수 있도록 가끔씩
풀려날 뿐이다.

『전쟁일기』 360쪽
(MS 103 3v: 1916.4.6.–7)

179

절망을
끝내는 법

절망에는 끝이 없고, 자살로는 절망을 끝내지 못한다. 스스로 기운을 차려서 끝내는 수밖에 없다.

『비트겐슈타인의 1930년대 일기』 127(265)쪽, 1931.11.7 또는 12.7.

180

마음에서
우러나온 말

네 마음에서 우러나온 한마디의 말이 네 머리에서 나오는
세 쪽의 글보다 내겐 더 의미가 있다.

레이 몽크 『비트겐슈타인 평전』 433(622)쪽

2차대전 중 가이병원에서 자원봉사를 할 때 허트에게 쓴 편지(1941.8.20).
당시는 제자이자 연인인 프랜시스 스키너의 죽음 이후 매우 외롭던 시
절이었다.

181

농담의
필요성

내가 가장 그리워하는 것은 말도 안되는 말을 장황하게 할 수 있는 상대이다.

레이 몽크 『비트겐슈타인 평전』 493(702)쪽

1946년 11월 9일 로이 포래커에게 쓴 편지. 포래커는 가이병원 근무 시절 함께 일했던 젊은 동료이다. 편지를 쓸 당시 비트겐슈타인은 경직된 대학 문화에 환멸을 느끼고 있었다.

182

가끔씩
미소를 던질 사람이 필요하다

여기엔 이야기를 나눌 사람이 없네. 그게 좋은 점이지. 어떤
면에선 나쁘지만. 때때로 진정으로 우정 어린 말을 할 수 있
는 사람을 보는 건 좋은 일이네. 대화까지는 필요하지 않아.
가끔씩 미소를 던질 누군가만 있으면 되지.

노먼 맬컴 『비트겐슈타인의 추억』 100쪽

교수직을 사임하고 아일랜드 레드크로스에서 혼자 연구할 때 노먼 맬컴
에게 보낸 편지(1948.2.5).

183

실연의
아픔

마르그리트와 탈라의 관계에서 나오는 부르주아적 냄새가
몸서리치도록 견딜 수 없다. 도망갈 수 있다면 세상 밖으로
떠나버리고 싶다. 어떠한 오물도 견딜 수 있지만 부르주아
적인 오물만은 참을 수 없다. 이상하지 않은가?

마음이 아픈 건지 몸이 아픈 건지 모르겠다. … 아마도 마
르그리트의 사랑을 잃는 것 때문일 것이다. 똥밭에 빠졌을
때 할 일은 오직 하나, 행진하는 것뿐이다. 훌쩍이다가 죽
는 것보다는 분투하다가 급사하는 게 낫다.

『비트겐슈타인의 1930년대 일기』 129(267-269)쪽, 1931.11.7 또는 12.7.

184

사랑에
대하여

사람은 피부 밖으로 나올 수 없다. 나는 평생토록 내 안 깊숙한 곳에 닻을 내린 요구를 포기할 수 없다. 왜냐하면 사랑은 자연과 묶여 있기 때문이다. 만일 내가 자연스럽지 않게 된다면 사랑은 끝나야 할 것이다. … 사랑, 그것은 사람이 마음으로 간직하는 값진 진주이며, 무엇과도 바꾸려 하지 않는 것이며, 다른 모든 것보다 귀하게 여기는 것이다. 사실상 그것은 값진 것이 무엇인지를—우리가 그것을 가지고 있다면—보여준다. 사람은 잡다한 모든 것들로부터 귀금속을 찾아내는 것이 어떤 의미인지를 배운다.

레이 몽크 『비트겐슈타인 평전』 505〔719〕쪽
(MS 133, 1946.10.26)

벤 리처즈라는 의학을 전공하는 학부생과 사랑에 빠졌을 때의 일기.

185

편지를 기다리는
괴로움

심지어 그의 사랑 없이도 즐거울 수 있을까? 이 사랑이 없다면 절망 속으로 빠져야 하는가? 이 버팀목 없이는 살 수 없는가? 왜냐하면 이것이 문제이기 때문이다. 이 막대기에 기대지 않고는 똑바로 서서 걸을 수 없는가? 아니면 단지 그것을 포기하겠다는 결심을 할 수 없는 것인가? 아니면 둘 모두? 도착하지도 않을 편지를 계속 기다려서는 안 된다. "나를 이 버팀목으로 미는 것은 사랑이 아니라, 내 두 다리 만으론 안전하게 서 있을 수 없다는 사실이다."

레이 몽크 『비트겐슈타인 평전』 506(720)쪽
(MS 133, 1946.11.27)

───

벤 리처즈의 편지를 기다리며. 비트겐슈타인은 벤 리처즈와의 사랑이 오래 지속되지 못하리라는 생각으로 괴로워했다.

186

일상의
축복

여기서 고독은 긴장이지만 또한 축복이기도 합니다. 내가 집안일을 다 해야 한다는 것은 스트레스를 주지만, 그것 또한 의심의 여지없이 커다란 축복입니다. 왜냐하면 그 덕분에 나는 온전해져서 정상적인 생활을 할 수 있기 때문입니다. 비록 매일 그 일을 저주하지만 대체로 내게 이롭습니다.

노먼 맬컴 『비트겐슈타인의 추억』 101쪽

1948년 6월 5일 노먼 맬컴의 아내 리에게 보낸 편지. 이때 비트겐슈타인은 교수직을 사임하고 아일랜드 로스로의 오두막에서 혼자 연구를 하고 있었다. 비트겐슈타인은 대학 생활에 지치거나 우울증이 심해지면 한적한 오두막에서 은거하거나 보통 사람들 속으로 들어가 생활하였다. "보통 사람들은 나에게는 진통제이자 동시에 골칫거리이기도 합니다"라고 파울 엥겔만에게 고백하기도 했다.(레이 몽크 『비트겐슈타인 평전』 181(266)쪽)

비트겐슈타인의 인생 노트

d. Wittgenstein.

11
언어에 대하여

나의 언어의 한계는 나의 세계의 한계를 의미한다.

187

쓰지 않은 것의
중요성

내 책은 두 부분으로 이루어져 있습니다. 한 부분은 여기
에 있고 나머지 한 부분은 내가 쓰지 않았던 모든 것입니
다. 그리고 정확하게 이 두 번째 부분이 중요한 것입니다.

윌리엄 워런 바틀리 3세 『비트겐슈타인 침묵의 시절』 53-54쪽

출판업자 루트비히 폰 피커에게 『논리철학논고』의 출판을 의뢰하며 내
용을 소개한 편지.

188

명료하게
말하기

생각될 수 있는 모든 것은 명료하게 생각될 수 있다. 말로
표현할 수 있는 모든 것은 명료하게 말로 표현될 수 있다.

『논리철학논고』 4.116

189

말은 오직
사실만을 표현한다

우리의 말은 오직 사실만을 표현할 것이다. 찻잔에 1갤런의 물을 쏟아 부어도, 찻잔은 한 잔에 가득 찰 만큼의 물만을 담을 수 있는 것처럼.

「윤리학에 관한 강의」 40(29)쪽

190

생각의
한계

상상할 수 없는 것은 말할 수도 없다.

『노트북』 84쪽, 1916.10.15.

우리는 생각할 수 없는 것을 생각할 수 없다. 그러므로 우리는 생각할 수 없는 것을 말할 수 없다.

『논리철학논고』 5.61

나의 언어의 한계는 나의 세계의 한계를 의미한다.

『논리철학논고』 5.6

191

모든 설명은
하나의 가설이다

모든 설명은 사실 하나의 가설이다. 그러나 가설적 설명은
예컨대 사랑 때문에 번민하는 사람에게 거의 도움이 되지
않을 것이다. 가설적 설명은 그 사람을 진정시키지 못한다.

「황금가지에 관한 소견들」123(40)쪽

192

질문의
의미

질문의 의미는 그것에 대답하는 방법이다. … 당신이 어떻게 찾는지를 말해보라. 그러면 당신이 무엇을 찾고 있는지를 말해주겠다.

『철학적 단평』 66–67쪽

193

언어와
삶의 형식

하나의 언어를 상상한다는 것은 하나의 삶의 형식을 상상하는 것이다.

『철학적 탐구』§19

표현은 삶의 흐름 안에서만 의미를 지닌다.

노먼 맬컴 『비트겐슈타인의 추억』121쪽

194

말하기와
깨닫기

우리는 종종 말을 하고 난 뒤 나중에서야 그 말이 얼마나
참인지 알게 된다.

『노트북』 10쪽, 1914.10.10.

195

새로운
낱말

새로운 낱말은 논의의 대지에 뿌려진 신선한 씨앗과 같다.

『문화와 가치』 4(29)쪽
(MS 107 82: 1929)

196

말과
행동

말은 행동이다.

『문화와 가치』 53(106)쪽
(MS 179 20: 1945 무렵)

한 단어의 의미는 언어에서 그 단어의 사용이다.

『철학적 탐구』 §43

197

타자라는
수수께끼

사자가 말을 할 수 있다 하더라도 우리는 사자를 이해할
수 없을 것이다.

『철학적 탐구』 223(395)쪽

한 인간은 다른 인간에게 완전한 수수께끼일 수 있다. 우리
는 이것을 완전히 낯선 전통을 가진 외국에 갔을 때 알게
된다. 그리고 더욱이 그 나라의 언어를 완전히 숙달했더라
도 그럴 것이다. 우리는 그 사람들을 이해하지 못한다(그것
은 우리가 그들이 자신들에게 하는 말을 모르기 때문이 아니다).
우리는 그들에게 익숙해질 수 없다.

『철학적 탐구』 223(395)쪽

198

형편없는 글의
기능

니체는 언젠가 최고의 시인과 사상가들도 그저 그런 글과
형편없는 글들을 썼고, 거기서 다만 좋은 글을 선별했다고
쓰고 있다. 그러나 전혀 그렇지 않다. 정원사의 정원에는 물
론 장미들과 나란히 똥거름과 쓰레기와 짚이 있다. 그러나
그것들은 단순히 그 가치에서만 차이가 있는 게 아니라, 무
엇보다 정원에서의 기능에서도 구별된다.

조악한 문장처럼 보이는 것이 좋은 문장의 씨앗일 수 있다.

『문화와 가치』 67(129)쪽
(MS 134 124: 1947.4.8)

199

글의 위대함은
어디 있는가

어떤 사람이 쓰는 글의 위대함은 그 사람이 쓰고 행하는 나머지 모든 것들에 달려 있다.

『문화와 가치』 75(140)쪽
(MS 136 59a: 1948.1.4)

200

거친 표현들의
힘

말하고자 하는 의미가 그것을 말로 표현할 수 있는 것보다 훨씬 명료하게 머릿속에 떠오르는 경우가 정말로 있다. (나에게는 이런 일이 매우 자주 일어난다.) … 평범한 작가는 거칠고 부적절한 표현을 너무 급히 올바른 표현으로 바꾸지 않도록 조심해야 한다. 너무 급히 바꿀 경우에는 그나마 아직 살아 있는 작은 식물이었던 최초의 착상을 죽이게 된다.

『문화와 가치』 90(164-165)쪽
(MS 138 2a: 1949.1.17)

201

논증은
아름다움을 훼손한다

논증은 아름다움을 훼손한다. 마치 진흙투성이 손으로 꽃을 더럽히는 것처럼.

레이 몽크 『비트겐슈타인 평전』 54(88-89)쪽

───

버트런드 러셀이 생각하는 것을 단순히 주장만 해서는 안 되고 논증을 제시해야 한다고 말했을 때 비트겐슈타인의 대답(1912.5).

202

실천이 말에
의미를 준다

여기서 중요한 것은 우리가 하는 말이나 말할 때의 우리 생각이 아니라, 그 말이 삶의 다양한 장소에서 만들어 내는 차이라고 말하고 싶다. 두 사람이 각자 자기가 신을 믿는다고 말할 때, 그 둘이 동일한 것을 의미한다는 것을 어떻게 알 수 있을까? 삼위일체에 대해서도 똑같이 말할 수 있다. 특정한 단어와 문구를 사용할 것을 요구하고 다른 단어와 문구들은 금지하는 신학은 아무것도 더 명료하게 만들지 못한다. (칼 바르트)

그것은 어떤 것을 말하고자 하면서도 그것을 제대로 표현할 줄 모르는 것이기 때문에, 그저 단어를 마구잡이로 휘두르는 것에 불과하다. 실천이 말에 그 의미를 준다.

『문화와 가치』 96-97(174-175)쪽
(MS 173 92r: 1950)

203

정의의
한계

정의를 통해 우리는 무엇을 얻을 것인가. 정의는 그저 우리를 또 다른 정의되지 않은 용어들로 인도할 뿐인데.

『청색책』 26(54)쪽

204

서문을
쓰는 법

서문을 길게 쓰는 것은 위험하다. 책의 정신은 책 자체에서 드러나야 하는 것이지, 글로 기술될 수 없기 때문이다. 어떤 책이 소수의 독자를 위해 쓰였다면, 그것은 소수의 사람만이 그것을 이해한다는 사실을 통해 절로 드러날 것이다. 책은 책을 이해하는 이들과 이해하지 못하는 이들을 자동으로 구분해야 한다. 서문 또한 그 책을 이해하는 바로 그런 이를 위해 쓰는 것이다.

어떤 이에게 그가 이해하지 못하는 것을 말하는 것은 무의미하다. 비록 그가 이해할 수 없을 거라고 덧붙인다 해도 말이다. (이런 일은 종종 우리가 사랑하는 사람에게 일어난다.)

『문화와 가치』 10(39)쪽
(MS 109 204: 1930.11.6-7)

205

수수께끼는
없다

대답을 말로 할 수 없다면, 질문도 말로 할 수 없다. 수수
께끼는 없다. 물음이 제기될 수 있다면, 대답하는 것도 가
능하다.

『논리철학논고』 6.5

206

사다리
걷어차기

나의 명제들은 다음과 같이 주석으로 기여한다. 나를 이해하는 사람은 명제들을 통하여—그것들을 딛고—그것들을 넘어서 올라갔을 때, 결국은 그것들이 무의미하다는 것을 깨닫는다. (말하자면 그는 사다리를 딛고 올라간 후에는 그 사다리를 내던져 버려야 한다.) 그는 이 명제들을 극복해야 한다. 그때 그는 세계를 올바로 보게 된다.

『논리철학논고』 6.54

12
사유에 대하여

우리가 하고 있는 일의 대부분는
사유 스타일을 변화시키는 문제이다.

207

어리석음의 골짜기로
가라

철학자에게는 영리함의 황량한 언덕보다는 어리석음의 골
짜기에서 풀이 더 잘 자란다.

『문화와 가치』 92(167)쪽
(MS 138 11a: 1949.1.28)

208

철학 책은
사유를 악화시킨다

나는 거의 철학 책을 읽지 않았지만, 분명히 너무 적게가
아니라 오히려 너무 많이 읽었다. 철학 책을 읽을 때마다
나는 그것이 내 생각을 개선시키지 못하며 더 악화시킨다
는 걸 알게 된다.

레이 몽크 『비트겐슈타인 평전』 496(706)쪽
(MS 135, 1947.7.27)

209

독 서 유 감

독서는 나의 영혼을 무디게 만든다.

『비트겐슈타인의 1930년대 일기』 75(159)쪽, 1931.2.13.

비트겐슈타인은 아무것도 명료화하지 못한다는 이유로 소크라테스를 읽는 것을 "가공할 시간 낭비"로 보았고(『문화와 가치』 21(56)쪽), 말년에 드루어리가 아리스토텔레스를 읽었는지 묻자 "여기 아리스토텔레스를 한 줄도 안 읽은 전직 철학교수가 있다!"라고 대답하기도 했다.(모리스 드루어리 『비트겐슈타인과의 대화』 158쪽)

210

'왜'라는
질문

끊임없이 '왜'라고 묻는 사람은 건축물 앞에 서서 여행가이
드를 읽으며, 그 발생사 등을 읽느라고 건축물을 보지 못하
는 관광객들과 비슷하다.

『문화와 가치』 46(96-97)쪽
(MS 124 93: 1941.7.3)

211

스스로 생각하는 사람만
나를 이해할 수 있다

아마 이 책은 책 속에 표현된 생각들, 또는 적어도 그와 유
사한 생각들을 이미 스스로 해본 사람들만 이해할 것이다.

『논리철학논고』 서문

레이 몽크 『비트겐슈타인 평전』 554(792)쪽 참조. "오로지 생각하는 사람
만이 내 말에서 뭔가 도움이 되는 것을 얻을 수 있습니다."

212

철학은
사유 스타일을 바꾸는 것

우리가 하고 있는 일의 대부분은 사유 스타일을 변화시키
는 문제이다.

『강의와 대화』 28(111)쪽

213

똑같아 보이는 것이
실제로는 다르다

나는 헤겔과는 맞지 않는 것 같다. 내가 보기에 헤겔은 항상 다르게 보이는 것들이 실제로는 같다고 말하고 싶어 한다. 반면에 나의 관심사는 똑같아 보이는 것이 실제로는 다르다는 것을 보여주는 것이다. 리어왕의 한 구절을 내 책의 모토로 삼을까 생각했었다. "너에게 차이를 가르쳐주마"

모리스 드루어리 『비트겐슈타인과의 대화』 157쪽

214

생각하지 말고
보라

생각하지 말고, 보라!

『철학적 탐구』 §66

215

전체를
조망하라

부분적인 문제들에 휩쓸리지 말고, 항상 단 하나의 중요한 문제 전체를 자유롭게 조망할 수 있는 곳으로 날아가라. 비록 이 조망이 아직은 명확하지 않더라도.

『노트북』 23쪽. 1914.11.1.

216

사유의 밭을
갈기

사유에도 밭을 갈 때와 수확할 때가 있다. 매일 많은 글을
쓰는 것은 나에게 만족을 준다. 유치하지만 사실이 그렇다.

『문화와 가치』 33(75)쪽
(MS 118 87r c: 1937.9.11)

1946년에도 비슷한 글을 남겼다. "사고에 씨를 뿌리는 것과 사고에서 수
확하는 것은 별개이다."(『문화와 가치』 60(117)쪽)

217

생각의
탄생

나의 사유는 불구가 아닌 채로 탄생하는 경우가 거의 없다. 생각의 일부는 태어나면서부터 뒤틀려 있거나 부러져 있다. 아니면 미숙아로 태어나서 아직 언어 속에서 저 혼자 생존할 수 없다. 그다음에 문장이 자그마한 태아처럼 태어나는데, 가장 중요한 수족은 아직 없는 상태이다.

『비트겐슈타인의 1930년대 일기』 107(223–225)쪽, 1931.10.13.

218

다르게 생각하면
새롭게 볼 수 있다

내가 쓰는 가장 중요한 방법 중 하나는, 우리 사유의 역사
적 과정을 실제 진행된 것과 다르게 상상해보는 것이다. 그
러면 문제를 전혀 새로운 각도에서 보게 된다.

『문화와 가치』 45(94)쪽
(MS 162b 68v: 1940.8.14)

219

코페르니쿠스와
다윈의 공로

코페르니쿠스 또는 다윈 같은 이의 진정한 공로는 참인 이
론을 발견한 데 있는 게 아니라 비옥한 새로운 관점을 발
견한 것에 있다.

『문화와 가치』 26(64)쪽
(MS 112 233: 1931.11.22)

220

생각하는 법을
가르쳐주는 책은 없다

너에게 생각하는 법을 가르쳐줄 수 있는 책이 있다고 생각
한다면, 세상에서 가장 중요한 책으로 보일 것이다. 하지만
세상에 그런 건 없다.

모리스 드루어리 「비트겐슈타인과의 대화」 100쪽

221

왜소한
생각

실로 얼마나 왜소한 생각이 사람의 전 생애를 채울 수 있는
가! 한평생 똑같은 작은 나라를 편력하고 있으면서도 그 나
라 바깥에는 아무것도 없다고 생각할 수 있듯이!

『문화와 가치』 57(112)쪽
(MS 131 180: 1946.9.2)

222

생각은
용기로 값을 매길 수 있다

생각에 값을 매길 수도 있을 것이다. 어떤 것은 비싸고 어떤 것은 값쌀 것이다. 생각의 값은 무엇으로 지불할까? 나는 용기로써 지불한다고 믿는다.

『문화와 가치』 60(11)쪽
(MS 132 75: 1946.9.28)

223

깊게
묻기

우리는 근본으로 파고드는 것을 자꾸 잊는다. 물음표를 충분히 깊게 던지지 않는다.

『문화와 가치』 71(135)쪽
(MS 134 180: 1947.6.27)

224

사유의
길

세계를 영원의 관점에서 포착하는 데는 예술가의 작업 외에 또 다른 것이 있는 것 같다. 그것은 사유의 길이라고 나는 믿는다. 사유는 이를테면 세계 위로 날아가 세계를 있는 그대로 두면서, 위에서 비행하며 내려다본다.

『문화와 가치』 7(34)쪽
(MS 109 28: 1930.8.22)

225

사유와
명예심

명예심은 사유의 죽음이다.

『문화와 가치』 88(161)쪽
(MS 137 135a: 1948.12.27)

226

이해란
연관을 보는 것

이해란 다름 아닌 '연관을 보는 것'이다. 그 때문에 중간 고리들의 발견과 발명이 중요하다.

『철학적 탐구』 §122

227

어떠한 일이든
수많은 방식으로 일어날 수 있다

인과적 관찰 방식이 오도하기 쉬운 것은, 우리로 하여금 "물론 그것은 그런 식으로 일어날 수밖에 없다"라고 말하도록 이끈다는 점이다. 하지만 우리는 이렇게 생각해야 한다. "그것은 그렇게 일어날 수도 있었고, 다른 수많은 방식으로 일어날 수도 있었다."

『문화와 가치』 45(94)쪽
(MS 162b 67r: 1940.7.2)

228

하찮은
물음들

나는 엉뚱한 질문들을 무수히 던진다. 이 숲속을 헤치고 나
아갈 수만 있다면!

『문화와 가치』 77(144)쪽
(MS 136 117a: 1948.1.15)

229

의지의 난관을
극복하라

대상이 의미 있고 중요할 때, 그 대상을 이해하기 어렵게 만드는 것은, 난해한 것들을 이해하기 위해서는 그에 관한 특별한 가르침이 필요하다는 사실이 아니다. 그것은 대상에 대한 이해와 사람들 대부분이 보고 싶어하는 것 사이의 대립이다. 이로 인해 가장 명백한 것이 가장 이해하기 어렵게 될 수 있다. 지성의 난관이 아니라 의지의 난관이 극복되어야 한다.

「철학: 대타자원고 §§ 86-93」 161(66)쪽

230

『철학적 탐구』를
출간하면서

나는 이 단평들을 미심쩍은 느낌으로 세상에 내놓는다. 이 시대의 빈곤과 어둠 속에서 한두 사람의 머리에 빛을 던지는 것이 이 책의 책임이라는 게 불가능하지는 않겠지만, 그렇게 될 것 같지는 않다. 나는 이 책이 다른 이들에게 생각하는 수고를 덜어주기를 바라지 않는다. 오히려 가능하다면 누군가 자신만의 사유를 할 수 있도록 자극했으면 한다. 나는 좋은 책을 만들어내고 싶었다. 결과는 그렇게 되지 않았다. 하지만 내가 개선할 수 있는 시간은 지났다.

『철학적 탐구』서문

231

백 년이 지나야
나를 이해할 것이다

현 시대는 내 사고 유형을 원하지 않는다. 나는 시대의 조류에 맞서 강하게 헤엄쳐야 한다. 아마 백 년이 지나서야 사람들은 지금 내가 쓰고 있는 것을 진정으로 원하게 될 것이다.

모리스 드루어리 「비트겐슈타인과의 대화」 160쪽

1949년 모리스 드루어리에게 집필 중인 『철학적 탐구』에 대해 한 말.

13
철학에 대하여

철학의 목표는 생각의 논리적 명료화다.

232

철학은
과학이 아니다

사람들은 내게 자신들이 철학을 배우지 않아서 이런저런 것들을 판단할 수 없다고 말하곤 했다. 이것은 짜증나는 헛소리다. 철학이 마치 일종의 과학인 것처럼 둘러대고 있다.

『문화와 가치』 33(75)쪽
(MS 118 113r: 1937.9.24)

233

철학을 가르치는
목적

오늘날 철학을 가르치는 사람이 다른 이에게 요리를 주는
것은, 그 요리가 그에게 맛있기 때문이 아니라 그의 미각을
바꾸기 위해서이다.

『문화와 가치』 25(63)쪽
(MS 112 223: 1931.11.22)

234

철학의
본질과 목표

모든 철학은 '언어비판'이다.

『논리철학논고』 4.0031

철학의 목표는 생각의 논리적 명료화다. 철학은 학설이 아니라 활동이다. … 철학의 결과는 '철학적 명제들'이 아니라, 명제들이 명료해지는 것이다.

『논리철학논고』 4.112

———

비트겐슈타인은 이론으로서의 철학을 거부했고, "이론이란 내겐 아무런 가치가 없다. 이론은 내게 아무것도 주지 않는다"라고 말했다.(『비트겐슈타인과 빈 학파』 117쪽)

235

명료화 활동은
용기가 있어야 한다

중요한 것은 명료화 활동이 용기를 가지고 수행되어야 한다는 점이다. 용기가 없다면 명료화 활동은 지적 유희일 뿐이다.

『문화와 가치』 16(49)쪽
(MS 154 15v: 1931)

236

철학의 문제는
어떻게 해결되는가

철학의 문제는 새로운 정보를 제공함으로써 풀리는 것이
아니라, 우리가 항상 알고 있던 것들을 새로이 배열함으로
써 풀린다.

『철학적 탐구』 §109

237

증명은 안개를
걷어낼 수 없다

증명은 안개를 걷어낼 수 없다. 내가 수학의 본성에 대해 명확하게 알고 있지 않다면 어떤 증명도 도움이 될 수 없다. 또 내가 수학의 본성에 관해 명료하다면, 그것의 일관성에 대한 문제는 결코 제기될 수 없다.

『비트겐슈타인과 빈 학파』 121-122쪽

238

믿음의 근거는
근거 없는 믿음이다

기초가 튼튼한 믿음의 한가운데, 근거가 없는 믿음이 놓여 있다.

『확실성에 관하여』 §253

239

철학적 혼란에서
빠져나가려면

철학적인 혼란에 빠져 있는 사람은 방에서 나가고는 싶은
데 어떻게 나가야 하는지를 모르는 사람과 같다. 창문으로
나가보려 하지만 너무 높고, 굴뚝으로 나가려니 그건 너무
좁다. 단지 주위를 둘러보기만 한다면 문은 항상 열려 있다
는 걸 알 수 있음에도!

노먼 맬컴 『비트겐슈타인의 추억』 70쪽

1946–1947년 무렵 노먼 맬컴과의 대화. 다음을 참조할 것. "철학적 문제
는 '나는 (길을) 훤히 알지 못한다'라는 형식을 가진다"(『철학적 탐구』 §123),
"철학에서 당신의 목적은 무엇인가? 파리에게 파리통에서 빠져나갈 출구
를 보여주는 것."(『철학적 탐구』 §309)

240

가장 심오한 문제들은
사실 아무런 문제도 아니다

철학적인 것들에 관해 씌어진 대부분의 명제와 질문들은
틀린 게 아니라 무의미하다. 따라서 우리는 이런 종류의 질
문들에 대답할 수 없고, 단지 그것의 무의미함을 지적할 수
있을 뿐이다. 철학자들의 명제와 질문은 대부분 우리 언어
의 논리를 이해하지 못한 데서 비롯된다. … 가장 심오한
문제들이 실은 아무런 문제도 아니라는 것은 놀랍지 않다.

『논리철학논고』 4.003

241

철학자란

철학자란 자기 안의 수많은 지성의 병을 치료해야만 건전한 상식 개념에 도달할 수 있는 사람이다.

『문화와 가치』 50(102)쪽
(MS 127 76r: 1944)

242

철학이란

철학은 언어가 지성을 미혹하는 것에 맞서는 싸움이다.

『철학적 탐구』 §109

─────

파니아 파스칼은 이에 대해 비트겐슈타인은 자신의 언어가 사람들을 홀리게 만든다는 사실을 깨닫지 못했다고 풍자했다.(파니아 파스칼 「사적인 회고록」, 18쪽)

243

철학은 모든 것을
있는 그대로 놓아둔다

철학은 언어의 실제 사용을 어떤 식으로든 침해하지 말아
야 한다. 철학은 그것을 기술할 수 있을 뿐이다. … 철학은
모든 것을 있는 그대로 놓아둔다.

『철학적 탐구』 §124

244

철학자는
해방의 말을 찾으려 분투한다

철학자는 해방의 말을 찾으려 분투한다. 즉, 이제껏 우리 의식을 보이지 않게 짓눌러 왔던 문제를 마침내 파악하게 해주는 말을 찾으려 노력한다. (그것은 마치 혀 위에 있는 머리칼 같다. 느낄 수는 있지만 잡아낼 수 없다. 그래서 그것을 없애지 못한다.)

「철학: 대타자원고 §§ 86-93」165(68)쪽

245

철학은
시처럼 쓰라

철학은 본래 시처럼 써야 한다. 이 말이 철학에 대한 나의
입장을 요약한다고 본다.

『문화와 가치』 28(68)쪽
(MS 146 25v: 1933-1934)

━━━

또한 비트겐슈타인은 "농담만으로도 진지하고 훌륭한 철학 책을 쓸 수 있
다", "철학 논문이 (답은 없이) 질문들로만 되어 있을 수도 있다"라고도
말했다.(노먼 맬컴 『비트겐슈타인의 추억』 42쪽) 맬컴은 비트겐슈타인이 이를
활용한 사례로 '왜 개는 아픈 체할 수 없는가? 너무 정직해서인가?'(『철학
적 탐구』 §250)를 꼽았다.

246

말할 수
없는 것

실로 말로 표현할 수 없는 것이 있다. 그것은 자신을 보여
준다. 그것은 신비로운 것이다.

『논리철학논고』 6.522

신비한 것은 세계가 어떠한가가 아니라, 세계가 존재한다
는 것이다.

『논리철학논고』 6.44

247

말할 수 있는 것 이상을
말하지 마라

철학에서 어려운 점은 아는 것 이상을 말하지 않는 것이다.

『청색책』 45〔83〕쪽

말할 수 없는 것에 대해서는 침묵해야 한다.

『논리철학논고』 7

248

세계의
의미

세계의 의미는 세계의 밖에 놓여 있어야 한다. 세계 속에서 모든 것은 있는 그대로 있고, 일어나는 그대로 일어난다. 세계 속에 가치는 없다 — 그리고 가치가 있다면, 그것은 아무런 가치도 갖지 않을 것이다.

만일 가치를 가지는 가치가 있다면, 그것은 일어나는 모든 일과 그렇게 있는 모든 것의 밖에 놓여 있어야 한다. 왜냐하면 일어나는 모든 일과 그렇게 있는 모든 것은 우연적이기 때문이다. 그것을 우연적이 아닌 것으로 만드는 것은 세계 속에 놓여 있을 수 없다. 세계 속에 놓여 있다면, 그것은 다시 우연적일 것이기 때문이다. 그것은 세계의 밖에 놓여 있어야 한다.

『논리철학논고』 6.41

249

세계는
사실들의 총체이다

세계는 사례인 것 모두이다. 세계는 사실들의 총체이지, 사물들의 총체가 아니다.

『논리철학논고』 1

250

영원의 상 아래서
세계를 관조하라

세계를 영원의 상 아래서 관조하는 것은, 세계를 ─한계지
어진─하나의 전체로서 관조하는 것이다. 한계지어진 전
체로서의 세계에 대한 느낌은 신비로운 느낌이다.

『논리철학논고』 6.45

251

철학과
금고

철학의 문제들은 금고 자물쇠에 비유할 수 있다. 자물쇠는 특정한 단어 또는 숫자로 열 수 있는데, 정확한 단어를 맞추기 전에는 어떤 힘으로도 열 수 없다. 하지만 단어를 맞춘다면 어린애라도 열 수 있다.

「철학: 대타자원고 §§86-93」175〔75-76〕쪽

252

윤리와
언어의 한계

윤리학 또는 종교에 대해서 글을 쓰거나 말하려고 시도하려는 경향을 가졌던 나를 비롯한 모든 사람들은 언어의 경계와 충돌하려 했다고 나는 믿습니다. 우리를 가두고 있는 감옥의 벽과 충돌하는 것은 완전히, 전적으로 절망적인 일입니다. 윤리학이 삶의 궁극적 의미, 절대적 선, 절대적 가치에 관해 무엇인가를 말하려는 욕망으로부터 발생하는 한, 윤리학은 과학일 수 없습니다. 윤리학이 말하는 것은 어떤 뜻에서도 우리의 지식을 늘리지 않습니다. 그러나 그것은 인간 정신 속의 한 경향에 대한 기록입니다. 저는 개인적으로 그러한 정신을 깊이 존경하지 않을 수 없으며, 죽어도 그것을 비웃지 않을 것입니다.

「윤리학에 대한 강의」 44〔36〕쪽

253

윤리와
언어의 한계 Ⅱ

나는 하이데거의 존재와 불안이 무엇을 의미하는지 잘 이해할 수 있습니다. 인간에게는 언어의 한계에 부딪치고자하는 충동이 있습니다. 예를 들어, 어쨌거나 무언가가 존재한다는 경이로운 사실을 생각해보십시오. 이 경이로움은질문의 형태로 표현될 수도 없고, 그에 대한 답도 존재하지않습니다. 그것에 관해 우리가 말할 수 있는 모든 것은 선험적으로 단지 무의미한 것일 수밖에 없습니다. 그럼에도 불구하고 우리는 언어의 한계에 부딪칩니다. 키르케고르 역시 이러한 부딪침을 알았으며, 그는 완전히 유사한 방식으로 이렇게 언급하였습니다. 즉 역설에의 부딪침이라고 말입니다. 이렇게 언어의 한계에 부딪치는 것이 바로 윤리학입니다. 나는 윤리학이 과학인지 아닌지, 가치가 존재하는지 아닌지, 선이 정의될 수 있는지 아닌지 등등 윤리학에

관한 실없는 모든 얘기에 종지부를 찍어야 한다는 사실을
매우 중요하게 생각합니다. 사람들은 윤리학 안에서 그 자
체의 본성상 설명되지 않는, 그리고 결코 설명될 수도 없는
어떤 것에 대해 말하는 방법을 찾기 위해 언제나 노력하고
있습니다. 우리는 선험적으로 알고 있습니다. 즉 누군가가
선을 정의함으로써 줄 수 있는 것이 있다면, 그것은 오해뿐
이라는 것을 말입니다.

앨런 재닉, 스티븐 툴민 『비트겐슈타인과 세기말 빈』 194–195〔326〕쪽

14
신과 종교에 대하여

종교는 오직
너와 신 사이의 문제라는 것을 잊지 마라.

254

내가 믿는
신

예, 나는 신을 믿습니다. 하지만 당신이 믿는 신과 내가 믿
는 신 사이의 차이는 무한할 정도로 클지도 모릅니다.

레이 몽크 『비트겐슈타인 평전』 463(662)쪽

1944년 케임브리지를 휴직하고 스완지에서 연구할 무렵, 집주인 모건 목
사가 신을 믿느냐고 물었을 때 한 대답.

255

가톨릭의
도그마

신의 존재가 자연의 논리로 증명될 수 있다는 게 로마 가톨릭의 도그마다. 이 도그마 때문에 나는 로마 가톨릭 신자가 될 수가 없다. 만일 신이 나 자신과 같은 또 하나의 존재이고, 단지 나의 외부에 있는 무한히 강력한 존재라면, 나는 신에게 저항하는 것이 내 의무라고 여길 것이다.

모리스 드루어리 「비트겐슈타인과의 대화」 107-108쪽

256

비극은
없다

진실로 종교적인 사람에게는 어떤 것도 비극이 아니다.

모리스 드루어리 「비트겐슈타인과의 대화」 107쪽

비트겐슈타인은 21세 무렵, 〈십자가 원판〉이라는 연극을 보고, 등장인물 중 한 사람이 이 세상에 무슨 일이 일어나든 자신에겐 나쁜 일이 일어날 수 없다고 말한 것에 커다란 감명을 받았다. 운명과 환경으로부터 의지의 독립을 추구하는 스토아적 사상은 1929년 종교와 윤리에 대한 대중 강연에서 말한, '무슨 일이 일어나든 절대로 안전하다는 느낌'과도 일맥상통한다.

257

기독교는
교리가 아니다

내가 믿기에, 기독교는 무엇보다도 모든 훌륭한 교리가 아무 소용없다고 말한다. 삶을 바꾸어야 한다고 (또는 삶의 방향을 바꾸어야 한다고) 말한다. 지혜는 모두 차갑다고, 차가운 쇠가 단련될 수 없듯 지혜로는 삶을 정상화할 수 없다고 말한다.

『문화와 가치』 61(118)쪽
(MS 132 167: 1946.10.11)

258

종교란 오직
신과 나 사이의 문제다

종교는 오직 너와 신 사이의 문제라는 것을 잊지 마라.

모리스 드루어리 「비트겐슈타인과의 대화」 102쪽

259

종교와
마음의 평화

마음의 평온에 대한 열망이 종교적인 것이라고는 생각하지 않는다. 종교적인 사람이라면 마음의 평온 또는 평화를 하늘의 선물로 간주할 뿐 우리가 추구해야 할 어떤 것으로 보지 않을 것이다.

모리스 드루어리 「비트겐슈타인과의 대화에 대한 비망록」 96쪽

260

고통이 없으면
종교도 없다

마음의 고통을 제거하는 것은 종교를 제거하는 것이다.

『비트겐슈타인의 1930년대 일기』 199(411)쪽. 1937.2.21.

261

신을
믿는다는 것

신을 믿는다는 것은 삶의 의미에 관한 문제를 이해한다는
것을 뜻한다.

신을 믿는다는 것은 사실의 문제가 문제의 끝이 아님을 안
다는 것을 의미한다.

신을 믿는다는 것은 인생이 의미를 가진다는 것을 안다는
것을 의미한다.

『노트북』 74쪽, 1916.7.8.

262

죽음과
생명의 빛

아마도 죽음에 가까이 다가가면 생명의 빛이 나에게 올지 모른다. 신이 나를 깨우쳐 주시기를. 나는 한 마리 벌레다. 그러나 신을 통하여 나는 인간이 된다. 신이 나와 함께하기를 빈다. 아멘.

레이 몽크 『비트겐슈타인 평전』 138(210)쪽
(MS 103, 1916.5.4)

———

1차대전 중 적군의 야간 포격을 앞두고 쓴 글.

263

종교의
근거

종교는 말한다. 이렇게 행동하라! 저렇게 생각하라! 하지만 그 근거를 대지는 못하며, 근거를 제시하려고 시도할수록 거부감을 준다. 종교가 제시하는 모든 근거에 대해서는 유력한 반대 근거가 있기 때문이다.

다음과 같이 말하는 게 더 설득력 있다. "이렇게 생각하라, 그것이 아무리 이상하게 보이더라도." 또는 "이렇게 행하지 않겠는가? 그것이 아무리 거부감을 주더라도."

『문화와 가치』 34(77)쪽
(MS 118 117v: 1937.9.24)

264

종교적인
삶

만일 너와 내가 종교적인 삶을 살아가려 한다면, 종교에 관해서 많이 말해야 되는 것이 아니라 우리의 생활 태도가 달라져야 한다.

모리스 드루어리 「비트겐슈타인과의 대화에 대한 비망록」 94쪽

265

지혜, 삶,
그리고 종교

지혜는 잿빛이다. 그러나 삶과 종교는 색깔이 풍부하다.

『문화와 가치』 71〔135〕쪽
(MS 134 180: 1947.6.27)

266

신과의
거리

현재의 나로부터 신을 믿는 곳까지는 길이 멀다. 기쁜 희망
과 공포는 가까운 사촌이다. 그중 하나와 경계를 마주하지
않고 다른 하나를 가질 수 없다.

레이 몽크 『비트겐슈타인 평전』 505(719)쪽
(MS 133, 1946.10.26)

267

종교적
관점

나는 종교 신자는 아니지만, 모든 문제를 종교적 관점으로
볼 수밖에 없다.

모리스 드루어리 「비트겐슈타인과의 대화에 대한 비망록」 79쪽

―――

비트겐슈타인은 특정한 교리를 믿지는 않았지만, 인생에 대한 종교적인
태도를 높이 평가하였다.

268

말은
종교의 본질이 아니다

말이 종교에 본질적인가? 나는 아무런 교조적 명제들이 없는, 그래서 아무 말이 없는, 그런 종교를 쉽게 상상할 수 있다. 분명 종교의 본질은 말이 있다는 사실과는 아무런 관련이 없다.

『비트겐슈타인과 빈 학파』 117쪽

269

기독교에 관한
철학은 거짓이다

만일 기독교가 진리라면, 기독교에 관한 철학은 전부 거
짓이다.

『문화와 가치』 89(163)쪽
(MS 159 58v: 1949)

270

신은
자신을 드러내지 않는다

세계가 어떠한가는 보다 높은 존재에게는 완전히 아무래
도 좋은 일이다. 신은 자신을 세계 속에 드러내지 않는다.

『논리철학논고』 6.432

271

부활을 믿는다는 것의
의미

어떤 문장은 터무니없어 보이지만, 표면상의 터무니없음은 그 뒤에 놓인 심연에 의해 삼켜질 수 있다. 죽은 자의 부활과 그와 연관된 생각들도 이렇게 볼 수 있다. 이 생각들에 깊이를 주는 것은 그 생각의 사용, 즉 부활을 믿는 사람이 살아가는 인생이다.

이 문장은 예컨대 가장 높은 책임감의 표현일 수 있다. 당신이 심판관 앞에 서게 된다고 생각해보라. 심판관 앞에 섰을 때 당신의 인생이 당신 자신에게 무엇으로 보일지, 어떻게 보일지를. 심판관에게 어떻게 보일지, 그가 이해를 하는지 못하는지, 자비로운지 엄격한지와는 별개로 말이다.

『비트겐슈타인의 1930년대 일기』155(323)쪽, 1936.12.1.

272

예수의 부활을
믿는 이유

무엇이 나 같은 사람마저 예수의 부활을 믿는 쪽으로 기울게 하는 걸까? … 내가 실제로 구원되기 위해서는, 지혜, 꿈, 사변이 아니라 확신이 필요하다. 이 확신이 바로 신앙이다. 그리고 이 신앙은 나의 사변적 지성이 요구하는 것이 아니라 나의 가슴, 나의 영혼이 요구하는 것에 대한 신앙이다. 왜냐하면 정념을 지닌 나의 영혼이, 즉 추상적인 정신이 아니라 피와 살을 지닌 나의 영혼이 구원받아야 하기 때문이다. … 오직 사랑만이 부활을 믿을 수 있다. 또는, 부활을 믿는 것이 사랑이다. 이렇게 말할 수도 있으리라. 구원하는 사랑은 부활까지도 믿으며, 부활을 꼭 붙들고 놓지 않는다. 말하자면 의심과 싸우는 것이 구원이다. 구원을 꼭 붙들고 놓지 않는 것은 이 신앙을 꼭 붙들고 놓지 않는 것임에 틀림없다. 이것은 또한 다음을 의미한다: 먼저 구원을 받으라, 그리고 그 구원을 꼭 붙들고 놓지 마라(구원을 유지하라). 그러면 당신이 꼭 붙들고 놓지 않고 있는 것이 바로 신앙임을 알게 될 것이다. 당신이 더 이상 지상에 기대하지 않고 천국에 매달리는 경우에만 그럴 수 있다. 그러면 모든 것이 달라지고, 그때는 당신이 지금 할 수 없는 것을 할 수 있다 해도 전혀 기적이 아니다.

『문화와 가치』 39(84-85)쪽
(MS 120 108c: 1937.12.12)

273

양심만이 내게
믿음을 명령한다

나에게 성경은 그저 내 앞에 있는 책일 뿐이다. 그런데 왜
나는 "그저 책일 뿐"이라고 하는가? … 이 문헌 그 자체로는
내가 그것이 간직한 교리를 믿도록 만들지 못한다. … 내가
이 교리를 믿으려면 교리 및 다른 어떤 것이 내게 전해졌기
때문이 아니라, 그것들이 내게 자명해야 한다. … [성경의]
서신이 아니라 오직 양심만이 내게 부활과 심판 등을 믿으
라고 명할 수 있다.

『비트겐슈타인의 1930년대 일기』 157(325-327)쪽, 1937.1.27.

274

신이란…

모든 것이 연관되어 있는 방식이 신이다.

신은 모든 것이 연관되어 있는 방식이다.

『노트북』 79쪽, 1916.8.1.

275

신을 모르고
신을 사랑할 수는 없다

당신은 신을 사랑할 수 없다. 왜냐하면 당신은 신을 모르
기 때문이다.

파니아 파스칼 「사적인 회고록」 16쪽

276

신의
목소리

당신은 신이 다른 이에게 말하는 것을 들을 수 없다. 당신
은 오직 신이 당신을 부를 때만 들을 수 있다.

『쪽지』 §717

277

믿음이 축복인
이유

믿음이 인간에게 축복이라는 말이 무슨 의미인지 알았다.
그것은 믿음을 통해 자신을 신의 바로 밑에 둠으로써 타인
에 대한 두려움에서 자유로워진다는 뜻이다.

『비트겐슈타인의 1930년대 일기』 163(337)쪽, 1937.1.28.

278

믿음의
깊이

구름 때문에 해가 산 위에 이미 떴는지 아직 뜨지 않았는지 알 수 없다. 해를 보고 싶어 미칠 지경이다. (신에게 따지고 싶다.)

··· 신에게 따지고 싶다는 것은 네가 그릇된 신 관념을 가지고 있다는 것을 의미한다. 그것은 미신이다. 운명에 대해 화가 난다는 것은 부정확한 관념을 가지고 있음을 뜻한다. 너의 관념을 바꿔야 한다. 운명에 대한 만족은 지혜의 첫 번째 명령이다.

오늘 나는 창문으로 서산에서 솟아오르는 해를 보았다. 신이여 감사합니다. 하지만 부끄럽게도 나는 지금 이 말에 충분히 진심이 담겨 있지 않다고 생각한다. 왜냐하면 해를 봤을 때 나는 매우 기뻤지만, 이 즐거움은 충분히 깊지 않았기 때문이다. 그것은 지나치게 유쾌했고, 진정으로 종교적이지 않았다. 아, 내가 좀 더 깊어질 수 있다면!

『비트겐슈타인의 1930년대 일기』 225-227(463-465)쪽, 1937.3.17-18.

15
예술과 천재

천재는 재능 속의 용기이다.

279

예술과
인생

예술 작품은 영원의 상 아래에서 본 대상이다. 그리고 훌륭한 인생은 영원의 상 아래에서 본 세계이다. 이것이 예술과 윤리를 연결한다.

『노트북』 83쪽, 1916.10.7.

280

작가의 의도는
독자에게 무의미하다

예술 작품은 '감정'을 전달한다는 톨스토이의 잘못된 이론에서 많은 것을 배울 수 있다. … 예술 작품은 다른 어떤 것을 전달하려는 게 아니라 바로 작품 자체를 전달하려 한다. 마치 누군가를 방문할 때, 내가 상대에게 이런저런 감정을 전달하고 싶은 게 아니라, 무엇보다 그를 만나고 싶은 것이고, 물론 또한 잘 대접받기를 원하는 것처럼.

예술가가 자기가 글을 쓸 때 느낀 것을 다른 이가 읽으며 느껴야 한다고 말하는 것은 애초부터 무의미하다. 분명 나는 (예컨대) 시를 이해한다고, 즉 작가가 의도한 대로 이해한다고 믿을 수 있다. 그러나 작가가 글을 쓸 때 무엇을 느꼈든 그것은 나와 전혀 무관한 일이다.

『문화와 가치』 67(128)쪽
(MS 134 106: 1947.4.5)

281

예술과
침묵

예술에서는 아무것도 말하지 않는 것만큼 좋은 것을 말하기는 어렵다.

『문화와 가치』 26(65)쪽
(MS 156a 57r: 1932-1934 무렵)

282

예술의
야생성

위대한 예술에는 야생동물이 깃들어 있다. 길들여진 채로.
… 모든 위대한 예술은 인간의 원초적 충동들을 기초 저음
으로 가지고 있다. 그것은 멜로디가 아니라, 멜로디에 힘과
깊이를 주는 것들이다.

『문화와 가치』 43〔91〕쪽
(MS 122 175c: 1940.1.10)

283

천재와
집중

천재라 해서 다른 성실한 사람보다 더 많은 빛을 가지고 있는 건 아니다. 하지만 그는 특별한 종류의 렌즈를 통해 이 빛을 초점으로 모은다.

『문화와 가치』, 41(88)쪽
(MS 162b 24r: 1939-1940)

284

재능의
사용 방식

재능이란 언제나 계속 신선한 물이 흘러나오는 샘이다. 그러나 올바른 방식으로 이용되지 않으면 이 샘은 가치를 잃는다.

『문화와 가치』 20(55)쪽
(MS 110 200: 1931.6.30)

285

천재의 척도는
성격이다

천재의 척도는 성격이다. 비록 성격 자체만으로 천재가 되는 것은 아니지만. 천재는 '재능과 성격'이 아니라, 특별한 재능의 형태로 드러나는 성격이다.

『문화와 가치』 40(87)쪽
(MS 162b 22r c: 1939-1940)

"천재는 재능 속의 용기"라 할 수 있다.

『문화와 가치』 44(92)쪽
(MS 117 151c: 1940.2.4)

286

거장의
재능

천재는 우리로 하여금 거장의 재능을 잊게 만든다. … 천재
가 희박해지는 곳에서 솜씨가 간파될 수 있다. … 오직 천재
가 희박해지는 곳에서만 우리는 재능을 볼 수 있다.

『문화와 가치』 49-50〔101〕쪽
(MS 127 35v: 1943.4.4)

287

셰익스피어에 대한
평가

우리가 스스로 이해하지 못하는 것을 믿는다는 것이 얼마
나 어렵게 느껴지는지 주목할 만하다. 예컨대 셰익스피어
에 대해 몇 백 년 동안 뛰어난 사람들이 표명한 찬사들을
들으면, 나는 셰익스피어를 칭찬하는 것은 하나의 관습이
된 것이 아닌가 하는 의심을 금할 수가 없다. … 내가 정말
로 확신하려면, 밀턴 같은 이의 권위가 필요하다. 이런 사
람은 당연히 매수되지 않았을 테니까.

『문화와 가치』 55(109-110)쪽
(MS 131 46: 1946.8.15)

288

바이닝거의
위대함

나는 당신이 바이닝거를 그다지 존경하지 않는다는 것을
충분히 상상할 수 있습니다. … 그에게 동의할 필요는 없
고 오히려 동의하는 것이 불가능할 정도지만, 위대함은 우
리가 동의하지 않는 것에 있습니다. 그의 거대한 실수야말
로 위대한 것입니다. 즉, 간단히 말해 만약 당신이 책 전체
에 ~(부정기호)를 덧붙이면, 그것은 중요한 진리를 보여줍
니다.

레이 몽크 『비트겐슈타인 평전』 312-313(448)쪽

1931년 8월 23일 무어에게 보낸 편지. 비트겐슈타인은 어린 시절 큰 영
향을 받았던 오토 바이닝거의 『성과 성격』을 무어를 비롯한 지인들에게
추천했는데, 그들의 반응은 냉담했다.

289

베토벤의 음악은
전적으로 참이다

베토벤은 철두철미한 사실주의자다. 내 말은 그의 음악이 전적으로 참이라는 뜻이다. 이렇게 말하고 싶다. 그는 인생 전체를 있는 그대로 보면서 그것을 찬미한다. 이것은 전적으로 종교이며, 결코 종교적 창작이 아니다. 그가 현실의 고통에 위안을 줄 수 있는 것은 바로 이 때문이다. 반면 다른 이들은 실패한다. 우리는 세상은 그렇지 않다고 말하게 된다. 베토벤은 사람들을 안심시켜 아름다운 꿈을 꾸게 하지 않는다. 세계를 있는 그대로 영웅처럼 바라봄으로써 구원한다.

『비트겐슈타인의 1930년대 일기』 81(171)쪽, 1931.3.1.

290

이런 사람이
되어야 한다

베토벤의 방문 앞에서, 베토벤이 새 둔주곡을 놓고 저주하고, 신음하며, 노래하는 걸 들은 한 친구가 있었다. 한 시간이 지난 후 드디어 베토벤이 방 밖으로 나왔는데, 마치 악마와 싸우고 나온 것 같았다. 요리사와 하녀가 그의 격노를 피해 떠났기 때문에 베토벤은 36시간 동안 아무것도 먹지 않고 있었다. 이런 종류의 사람이 되어야 한다.

레이 몽크 『비트겐슈타인 평전』 45(78)쪽

291

톨스토이에 대한
평가

언젠가 『부활』을 읽으려고 해봤는데 읽을 수가 없었다. 톨스토이는 그냥 이야기를 말할 때에는 대단한 인상을 주지만, 독자에게 설교를 할 때는 그렇지 못한 것 같다. 내게는 그가 독자에게 등을 돌릴 때가 가장 인상적으로 보인다. … 그의 철학은 이야기 속에 숨어 있을 때가 가장 진실한 것 같다.

노먼 맬컴 『비트겐슈타인의 추억』 60–61쪽, 1945.9.20.

292

허영심과
예술

만일 내가 믿고 있듯이 말러의 음악이 아무 가치가 없다면, 문제는 그가 그 재능을 가지고 무엇을 했어야 했는가이다. ⋯ 나는 그의 음악을 위대한 작곡가들과 비교할 수 있기 때문에 그의 음악이 아무 가치가 없다는 것을 안다. ⋯ 그러나 그는 그 무가치성을 깨닫지 못할 것이다. 왜냐하면 그는 항상 자기가 나머지 (그가 경탄하는) 사람들과 다르기는 하지만 다른 방식으로 가치 있다고 스스로에게 말할 수 있기 때문이다. ⋯ 허영심에 맞서 싸우지만 완전하게 이겨내지 못한 사람 역시 자기 작품의 가치에 대해 스스로를 기만할 것이다. ⋯ 타락하지 않는 것이 가장 중요하다!

『문화와 가치』 76-77(143-144)쪽
(MS 136 110b: 1948.1.14)

293

허영심이
작품을 망치는 이유

당신의 작품을 더 고귀한 것을 위해 희생하려 하지 않는다면, 은총이 함께하지 않을 것이다. 왜냐하면 작품은 오직 이상에 비추어 작품의 올바른 고도에 놓였을 때만 자신의 키 높이를 알 수 있기 때문이다.

이것이 바로 허영심이 작품의 가치를 파괴하는 이유이다. 이것이 예컨대 크라우스의 작품이 '딸랑이는 종소리'가 되어 버리고 만 까닭이다. (크라우스는 문장의 건축가로서 매우 특출한 자질을 가졌다.)

『비트겐슈타인의 1930년대 일기』 213(439)쪽, 1937.2.24

294

트라클의
시에 대해

나는 그 시들을 이해할 수 없습니다. 하지만 그 시들의 어
조가 나를 행복하게 합니다. 그것은 진정한 천재의 어조입
니다.

레이 몽크 『비트겐슈타인 평전』 110(165)쪽

자신이 후원한 트라클의 시를 읽고 피커에게 보낸 편지. 월 80크로넨을
겨우 벌던 트라클은 2만 크로넨을 받았는데, 피커와 함께 은행에 가는 도
중에 극심한 신경쇠약과 두려움으로 손이 땀에 흠뻑 젖어 돈을 넘겨받지
못할 정도였다.(쿠르트 부흐테를, 아돌프 휘프너 『비트겐슈타인』 70쪽)

295

미국 영화와
영국 영화의 차이

어리석고 소박한 미국 영화는 그 모든 어리석음에도 불구
하고, 그 어리석음을 통해서 가르침을 줄 수 있다. 얼빠졌으
면서도 허세 부리는 영국 영화는 가르침을 주지 못한다. 나
는 종종 어리석은 미국 영화에서 교훈을 얻었다.

『문화와 가치』 65-66(126)쪽
(MS 134 89: 1947.4.2)

296

천재와
시대

자기의 시대를 그저 앞서 있는 사람일 뿐이라면, 시대는 언젠가 그를 따라잡는다.

『문화와 가치』 11〔40〕쪽
(MS 110 11: 1930.12.25)

297

예술가가 시대에
뒤떨어지는 이유

내로라하는 작가였던 이들이 시대에 뒤떨어지게 되는 것
은, 그 작품들이 그 시대의 전체 환경으로 보완될 때 사람
들에게 강하게 호소한다는 사실, 이러한 보완이 없으면 마
치 조명을 빼앗긴 것처럼 작품의 빛깔이 죽는다는 점과 관
련되어 있다. … 크리스탈조차도 모든 환경에서 아름다운
것은 아니다.

『문화와 가치』 90-91(165)쪽
(MS 138 3a: 1949.1.18)

부록
비트겐슈타인에 관한 말

신이 도착했다. 나는 5시 15분 기차에서 그를 만났다.

존 메이너드 케인스 John Maynard Keynes

모든 철학은 플라톤에 대한 주석에 지나지 않는다고 흔히들 말한다. 하지만 이 말에는 '비트겐슈타인 이전까지'라는 단서를 덧붙여야 한다.

그는 원자폭탄, 토네이도 같았다.

와시프 히자브 Wasif A. Hijab

비트겐슈타인을 교수로 뽑지 않는 것은 아인슈타인을 물리학 교수로 뽑지 않는 것과 마찬가지다.

C. D. 브로드 Charlie Dunbar Broad

내가 아는 한 비트겐슈타인은 열정적이고, 심오하며, 강렬하고, 지배적인, 전통적 천재상에 가장 완벽하게 부합하는 사례이다.

그와 토론할 때 나는 전력을 기울인다. 그래야 겨우 그와 대등해질 수 있다. 다른 학생들에게 그렇게 한다면 그들은 완전히 박살났을 것이다.

그는 악마(루시퍼)의 자부심을 가지고 있다.

버트런드 러셀 Bertrand Russell

파스칼은 염려와 불안을 불러일으킨 작가였다. 비트겐슈타인과의 대화는 이와 마찬가지로 불편했다. 만일 그의 글이 똑같은 불안을 야기하지 않는다면, 그것은 그 글을 이해하지 못했다는 뜻이다.

모리스 드루어리 Maurice O'Connor Drury

우리는 대부분 사람들과 어떤 틀 안에서 만나며, 일정한 관습에 따라 말하고 행동하게 마련이다. 인격 대 인격으로 홀딱 벗은 채 서로 마주하는 일은 없다. 그러나 비트겐슈타인은 항상 이렇게 직면할 것을 자신과 관계되는 모든 이에게 강요했다.

아이리스 머독 Dame Iris Murdoch

백만장자가 시골마을 선생을 한다면 일종의 변태임이 분명하다.

토마스 베른하르트 Thomas Bernhard

비트겐슈타인이 돌아온 것은 케임브리지의 재앙이라고 본다. 전혀 함께 토론을 할 수 없는 사람이니까. 내가 어떤 문장이 나에게 의미있다고 말할 때, 아무도 그것이 무의미하다고 말할 권리는 없다.

W. E. 존슨 William Ernest Johnson

그는 사람의 마음에 상처를 주는 데 탁월한 능력을 가졌다.

파니아 파스칼Fania Pascal

모든 위대한 철학자는 철학의 새로운 방향을 제시하는데, 오직 비트겐슈타인만 두 번이나 방향 제시를 하였다. (…) 그는 20세기의 가장 영향력 있는 철학자였을 뿐 아니라, 우리 시대의 가장 주목할 만한 인간이기도 했다.

월터 카우프만Walter Kaufmann

그의 관점과 태도는 과학자의 것이라기보다는 창조적인 예술가에 훨씬 더 가까웠다. 거의 종교적인 예언자나 선각자의 태도와 유사하다고 말할 수 있을 정도였다. … 그는 마치 신적인 영감을 통해 통찰하는 것 같았기 때문에, 그에 대한 어떤 온당하고 합리적인 논평이나 분석도 신성 모독처럼 느껴지지 않을 수 없었다.

루돌프 카르나프Rudolf Carnap

그는 자신이 설교한 것을 실천하는 일, 보다 정확히 말해 그가 한때 말할 수는 없으나 오직 보여줄 수만 있다고 썼던 것을 몸소 실천하는 일에 정말로 열중했다.

윌리엄 워런 바틀리 3세William Warren Bartley Ⅲ

루트비히는 예언자의 모든 특성을 지녔다.

막스 빌러Max Bieler

그는 이류에 대해서는 참지 못했다.

존 킹John King

참고문헌

비트겐슈타인의 저작과 약어

- 『강의와 대화』: *Lectures and Conversations on Aesthetics, Psychology and Religious Belief*, Blackwell, 1966. 『미학, 종교적 믿음, 의지의 자유에 관한 강의와 프로이트에 관한 대화』 이영철 편역, 필로소픽, 2016
- 『노트북』: *Notebooks 1914-1916*, G. H. von Wright & G. E. M. Anscombe ed., Basil Blackwell, 1979 2nd
- 『논리철학논고』: *Tractatus Logico-Philosophicus*, 1921, 『논리철학논고』 박영식, 최세만 역, 정음사, 1985
- 『러셀, 케인스, 무어에게 보낸 편지』: *Letters to Rusell, Keynes and Moore*, G. H. von Wright ed., Cornell University Press, 1974
- 『문화와 가치』: *Culture and Value*, G. H. von Wright ed. Blackwell, 1998, 『문화와 가치』 이영철 역, 책세상, 2006
- 『비트겐슈타인과 빈 학파』: *Ludwig Wittgenstein and Vienna Circle*, conversations recorded by Friedrich Waismann, ed. by B. F. McGuiness, Blackwell, 1979
- 『비트겐슈타인의 1930년대 일기』: *Ludwig Wittgenstein Private and*

Public Occasions, James C. Klagge & Alfred Nordmann ed., Rowman & Littlefield, 2003. 『비트겐슈타인의 1930년대 일기』 하상필 역, 필로소픽, 2016

• 『소품집』: *Philosophical Occasions 1912-1951*, James C. Klagge & Alfred Nordmann ed., Hackett, 1993, 『소품집』 이영철 역, 책세상, 2006

• 「윤리학에 관한 강의」: "A Lecture on Ethics", *Philosophical Occasions 1912-1951*, Hackett, 1993, 「윤리학에 관한 강의」, 『소품집』 이영철 역, 책세상, 2006

• 『전쟁일기』: "MS 101, 102, 103" in the Bergen electronic edition of Wittgenstein's *Nachlass*, 『전쟁일기 루트비히 비트겐슈타인』 박술 역, 읻다, 2015

• 『쪽지』: *Zettel*, G. E. M. Anscombe & G. H. von Wright ed., Basil Blackwell, 1967, 『쪽지』 이영철 역, 책세상, 2006

• 「철학: 대타자원고 §§ 86-93」: "Philosophy: Section 86-93 of the so-called 'Big Typescript'", *Philosophical Occasions 1912-1951*, Hackett, 1993, 「철학: 이른바 대타자원고의 §§ 86-93」, 『소품집』 이영철 역, 책세상, 2006

• 『철학적 단평』: *Philosophical Remarks*, Basil Blackwell, 1975

• 『철학적 탐구』: *Philosophical Investigations*, trans. G. E. M. Anscombe, 1958, 『철학적 탐구』 이영철 역, 책세상, 2006

• 『청색책』: *The Blue Book*, 1965, 『청색책 갈색책』 이영철 역, 책세상, 2006

• 『확실성에 관하여』: *On Certainty*, 『확실성에 관하여』 이영철 역, 책세상, 2006

- 「황금가지에 관한 소견들」: "Remarks on Frazer's Golden Bough", *Philosophical Occasions 1912-1951*, Hackett, 1993, 「프레이저의 황금가지에 관한 소견들」, 『소품집』 이영철 역, 책세상, 2006

기타 참고문헌

- 노먼 맬컴, 『비트겐슈타인의 추억』, 이윤 역, 필로소픽, 2013 (Norman Malcolm, *Ludwig Wittgenstein: A Memoir*, Oxford University Press, 2001)
- 데이비드 에드먼즈, 존 에이디노, 『비트겐슈타인은 왜?』 김태환 역, ㈜웅진닷컴, 2001 (David Edmonds and John Eidinow, *Wittgenstein's Poker*, HarperCollins Publishers, 2001)
- 러시 리스, 「회상록 후기」 (Rush Rhees, "Postscript"), 러시 리스 편, 『비트겐슈타인 회상록』
- 러시 리스 편, 『비트겐슈타인 회상록』, 이윤, 서민아 역, 필로소픽, 2017 (Rush Rhees ed., *Recollections of Wittgenstein*, Oxford University Press, 1984)
- 레이 몽크, 『비트겐슈타인 평전』, 남기창 역, 필로소픽, 2012 (Ray Monk, *Ludwig Wittgenstein: The Duty of Genius*, Vintage Books, 1990)
- 마이클 모러, 「비트겐슈타인의 삶의 의미: 이론에서 치유로」 (Michael Maurer, "Wittgenstein on the Meaning of Life: From Theory to Therapy", in *Philosophie der Informationsgesellschaft / Philosophy of the Information Society*, Österreichische Ludwig Wittgenstein Gesellschaft, 2007)
- 모리스 드루어리, 「비트겐슈타인과의 대화」 (M. O'C. Drury, "Conversations with Wittgenstein"), 러시 리스 편, 『비트겐슈타인 회상록』

- 모리스 드루어리, 「비트겐슈타인과의 대화에 대한 비망록」(M. O'C. Drury, "Some Notes on Conversations"), 러시 리스 편, 『비트겐슈타인 회상록』

- 앤서니 케니, 『비트겐슈타인』, 김보현 역, 철학과현실사, 2001 (Anthony Kenny, *Wittgenstein*, Penguin Books, 1973)

- 앨런 재닉, 스티븐 툴민 『비트겐슈타인과 세기말 빈』, 석기용 역, 필로소픽, 2013 (Allan Janik & Stephen Toulmin, *Wittgenstein's Vienna*, I. R. Dee, 1996)

- 윌리엄 워런 바틀리 3세, 『비트겐슈타인 침묵의 시절』, 이윤 역, 필로소픽, 2014 (William Warren Bartely III, *Wittgenstein*, Open Court, 1985)

- 제리 길, 『비트겐슈타인과 메타포』(Jerry H. Gill, *Wittgenstein and Meta-phor*, Humanities Press, 1996)

- 제임스 클래그, 『망명 중의 비트겐슈타인』(James C. Klagge, *Wittgenstein in exile*, MIT Press, 2014)

- 존 히턴, 『비트겐슈타인과 정신분석』, 석기용 역, 필로소픽, 2017 (John M. Heaton, *Wittgenstein and Psychoanalysis*, Icon Books, 2000)

- 쿠르트 부흐테를, 아돌프 휘프너, 『비트겐슈타인』, 최경은 역, 한길사, 1999 (Kurt Wuchterl and Adolf Hübner, *Wittgenstein*, Rowohlt, 1979)

- 파니아 파스칼, 「사적인 회고록」(Fania Pascal, "A Personal Memoir"), 러시 리스 편, 『비트겐슈타인 회상록』

- 헤르미네 비트겐슈타인, 「내 동생 루트비히」(Hermine Wittgenstein, "My Brother Ludwig"), 러시 리스 편, 『비트겐슈타인 회상록』